군사의 눈마치 대통령

33人의 스피치대통령

초판인쇄 | 2011년 3월 20일
초판발행 | 2011년 3월 26일
지 은 이 | 김일희

발 행 인 | 김윤태
발 행 처 | 도서출판 선
　　　　　　서울시 종로구 낙원동 58-1 종로오피스텔 1409호
　　　　　　Tel : (02) 762-3335　　Fax : (02) 762-3371

등록번호 | 제15호-201호
등록일자 | 1995년 3월 27일

ⓒ 김일희, 2011
ISBN 978-89-6312-043-0　03180

값 12,000원

* 이 책의 판권은 지은이와 도서출판 선에 있습니다. 잘못된 책은 바꾸어 드립니다.

글 · 김일희

39명 스피치 달인의 말하는 비법
'입뒀다 뭐하나!'

미국 최초 흑인대통령 오바마는 스피치로 당선되었다
빌게이츠는 스피치로 자신의 꿈을 이루었다.
개그맨이 예쁜아내를 얻는 이유는 스피치다.
당신도 스피치 대통령이 될 수 있다.
Yes. we can.

들어가는 말

셰익스피어 작품 '햄릿'에는 유명한 대사가 나온다.

'사느냐 죽느냐 그것이 문제로다'

나 감성은 이런 말을 하고 싶다

'사느냐 죽느냐 스피치가 문제로다'

우리는 지금 무한도전의 시대, 아니 무한경쟁시대에 살고 있다. 이런 시대에서 행복하게 살아남기 위해서는 스피치는 선택이 아니라 필수다. 향기로운 꽃에 벌과 나비가 날아들 듯, 말 잘하는 사람에게 부와 명예와 사랑이 따른다.

말 잘하는 사람은 타고나는 것일까? 아니면 노력해서 되는 것일까? 이 글을 읽고 있는 그대들도 이런 생각을 한 번쯤은 해보았으리라 생각된다. 그동안 내

경험에 의하면 둘 다 맞는 얘기다.

태어나서부터 말을 아주 잘하는 사람들이 있다. 정말 부러운 사람들이다. 억울하단 생각이 드는가? 어쩔 수 없다. 부모를 잘 만난 복이다. 한 가지 다행스러운 것은 말이란 후천적인 노력으로도 얼마든지 잘 할 수 있다는 것이다.

에디슨이 그러지 않았던가!

'천재는 1%의 영감과 99%의 노력으로 이루어진다' 고.

그렇다면 이 책을 쓴 감성이란 사람의 말솜씨는 타고 난 것일까? '나는 갓난아이 때부터 말문이 일찍 트이고, 어렸을 때도 사람들 앞에서 말하기를 좋아했다' 라고 당당하게 말하고 싶다. 하지만 전혀 그렇지 않다.

개그맨들 대부분은 학교 다닐 때 학급뿐만 아니라 전교에서 웃기고 말 잘하기로 소문난 친구들이 많다. 그런데 나는 전교도 아니고, 학급도 아니고, 내 앞, 뒤에 앉은 친구들에게 잔잔한 미소만 주는 평범한 학창시절을 보냈다. 수업시간에 궁금한 게 있어도 쑥스러워서 선생님께 질문도 제대로 하지 못했다. 친구들 앞에서도 노래는 고사하고, 자기 소개하는 것도 부끄러워했다.

개그맨들 대부분은 여자들과 말도 잘 건네고 예쁜 여자와 사귀기도 잘한다. 하지만 나 감성은 26살 때까지 혼자 짝사랑만 수없이 해왔다. 사랑한다고 표현을 해야 하는데 사랑한다는 말을 홍어도 아닌데 속으로 삭이기만 했다. 지금 가만히 생각해보면 너무 한심하고 안타까운 시절이었다.

나 감성은 외모 콤플렉스가 있어서 힘들었다. 김제동보다도 작은 눈 때문이다. 그 때문에 나는 더욱 소극적이고 말 없는 사람이 되어갔다.

직장에 다니기 시작하자 어렸을 때부터 꿈이었던 개그맨이 되고 싶다는 생각이 간절히 들었다. 그래서 개그에 도전했고, 자연스럽게 스피치에 대한 관심이 생겨 스피치 서적을 닥치는 대로 읽기 시작했다. 그때부터 나는 책에서 배운 것들을 많은 무대에서 실천했고, 날이 갈수록 스피치가 빠르게 늘었다.

내 생활에도 큰 변화가 왔다. 결국 난 개그맨들의 꿈인 방송국 공채 개그맨이 되었다. 그 후 SBS〈웃찾사〉에 출연, MBC〈개그야〉에 출연, 경인방송 라디오 DJ, 레크리에이션 강사로 활동했다. 심지어는 스피치 과외선생을 하다가 지금은〈감성 스피치 트레이닝 스쿨〉의 스피치전문 코치로까지 활동하게 되었다. 게다가 외모 콤플렉스도 극복했고, 이젠 짝사랑도 하지 않는다. 스피치는 내게 돈과 명예와 사랑을 가져다주었다

나에게 스피치는 마술과 같다. 이 마술의 비법을 이제 당신들에게 알리고 싶었다. 나는 그동안 나의 실전노하우와 최고 화술가들의 스피치기술을 바탕으로 글을 쓰기 시작했다. 그렇게 해서 탄생된 책이 바로『입뒀다 뭐하냐』이다. 나는 말 잘하는 사람을 스피치 대통령이라고 표현하는데, 내가 약속하지만 이 책은 당신을 어느 분야에서나 스피치 대통령으로 만들어 줄 것이다.

머리말을 끝까지 읽어줘서 고맙다. 혹 돈과 시간이 없어 이 책을 사서 읽지 못

하게 될 당신을 위해 내가 찾은 스피치 공식 한 가지만 알려 주겠다. 반드시 이것만이라도 기억하라.

스피치 공식은 S=PT (Speech=passion×truth)

　스피치의 핵심은 열정과 진실성이다. 열정과 진실성만 있어도 당신은 스피치 대통령은 힘들어도 부통령 정도는 될 수 있다. 스피치 대통령이 되고싶은 분은 이 책을 꼼꼼하게 읽으며 하나하나 실천하기 바란다.

　성공을 위해선 돈도 있어야 하고, 빽도 있어야 하고, 좋은 학교를 꼭 나와야 한다고 불평하는 사람들을 자주 본다. 그런 사람들에게 난 항상 말한다. "입뒀다 뭐하냐" 말만 잘해도 성공할 수 있다.

개그맨 감 성

차 례
contents

들어가는 말 • ··· • 6

스피치(Speech)란? • ··· • 14

Chapter 1 _ 스피치 아마추어 10단계 코스
01 말하는 방법 3S • ··· • 19
02 자신감에 찬 큰 목소리로 말하라 • ································· • 21
03 듣기 좋은 High톤으로 말하라 • ···································· • 23
04 파도처럼 말하라 • ·· • 25
05 사투리를 스피치의 장점으로 만들어라 • ························ • 28

06 단정형의 보통 빠르기로 말해라 • — 30
07 입 꼬리는 올리고 눈빛은 자신감 있게하라 • — 32
08 청중이 당신을 사랑한다고 생각해라 • — 34
09 작은 제스처 하나가 스피치를 크게 향상 시킨다 • — 36
10 패션은 스피치의 날개다 • — 38

Chapter 2 _ 스피치 프로페셔널 8단계 코스

01 누구나 떨린다 • — 43
02 자기가 잘 알고 있는 얘기를 해라 • — 46
03 연기자가 되어라 • — 48
04 명언을 사용하라 • — 50
05 성공적인 스피치를 상상하라 • — 52
06 암기하지 마라 • — 54
07 시작과 마무리 멘트는 확실하게 준비하자 • — 57
08 공감대를 찾아라 • — 59

Chapter 3 _ 스피치대통령 22단계 코스

01 열정적으로 말하라 • — 63
02 진실을 담아 말하라 • — 68
03 S=P*T • — 74

04 자신감을 가져라 · · 77
05 친근함을 가져라 · · 84
06 콤플렉스를 사랑하라 · · 89
07 잘 할 때까지 연습하라 · · 96
08 실패와 실수를 두려워하지 마라 · · 101
09 웃으며 말하라 · · 106
10 쉬운 언어를 사용하라 · · 113
11 그림언어를 사용하라 · · 120
12 책과 신문에 스피치가 보인다 · · 127
13 자신의 경험을 말하라 · · 134
14 좋은 예를 들어라 · · 141
15 철저히 준비하라 · · 148
16 비유를 잘 들어라 · · 155
17 반복적인 표현을 하라 · · 162
18 청중을 동참시켜라 · · 166
19 유머를 사용하라 · · 173
20 때론 짧고 강하게 말하라 · · 179
21 극단적 표현을 하라 · · 182
22 상대방의 말을 받아쳐라 · · 188

Chapter 4 _ 스피치대통령 5단계 상황별 스피치

01 1대1 대화법 • • 195
02 세일즈화법 • • 203
03 사회자 화법 • • 206
04 충고 화법 • • 208
05 선물 증정 화법 • • 210

Chapter 5 _ 스피치대통령으로 가는 4단계 트레이닝

01 중급 스피치 트레이닝 • • 215
02 고급 스피치 트레이닝 • • 221
03 유머 스피치 트레이닝 • • 227
04 명언 스피치 트레이닝 • • 236

맺음말 • • 243

책을 내면서 생각나는 사람들… • • 245

스피치(Speech)란?

인간만이 유일하게 말을 하는 동물이다. 말은 인간이 가지고 있는 고유한 특권이다. 인간들 중에서도 말을 잘하는 사람은 인생에서 더 많은 특권을 누린다. 대인관계가 좋아지고, 결혼도 잘한다. 회사에서 능력을 인정받는 것은 물론 돈도 잘 벌며, 다른 사람이 누릴 수 없는 수많은 것을 맘껏 누리게 된다.

스피치란 무엇일까?

간략하게 얘기하자면 **스피치란 자신의 생각과 느낌을 상대방에게 목적에 맞게 전달하는 것이다.** 스피치의 의미는 사람들이 생각하는 것처럼 그리 거창하거나 어렵지 않다. 아주 단순하다.

지금은 스피치 시대이다. 스피치를 못하면 자신의 능력을 충분히 드러내기 어렵다. 반면에 스피치를 잘하면 자신의 능력보다 인생의 목적을 쉽게 달성할 수 있다. 현대 사회에서는 말이 곧 능력이기 때문이다.

정치인이 아무리 뛰어난 비전과 뛰어난 정책을 갖고 있다 하더라도 연설을 통해 이를 국민에게 효과적으로 알리지 못한다면 지지를 얻지 못한다. 교수가 아무리 많은 지식을 지니고 있다 해도 이를 학생들에게 전달하는 방법이 미숙하면 순식간에 무능한 교수가 되고 만다.

이는 직장인들도 마찬가지다. 직장을 다니는 사람이 회의나 프레젠테이션에 자신이 없으면 능력을 인정받기 어려워진다. 능력은 무한대인데 단지 스피치 실력이 부족해서 직장에서 자신의 능력을 인정받지 못한다면 얼마나 억울한 일인가?

스피치를 잘하기 위해 노력해야 한다. 흔히 스피치 하면 대중 연설만을 떠올리기 십상이다. 하지만 스피치는 연설, 강의, 토론, 토의, 회의, 좌담, 대화 등에 이르기까지 그 범위가 아주 넓다.

현대사회에서 스피치는 매우 다양한 형태를 띠고 있다. 취직을 하기 위한 면접시험에서부터 직장에서의 프레젠테이션도 스피치다. 각종 모임에서의 자기소개, 인사말, 축사 등도 스피치이고 결혼식, 돌잔치의 사회를 보는 것도 스피치이다.

TV에 출연하는 아나운서, 리포터, MC, 쇼핑호스트들도 모두 스피치를 하고 있다. 스피치란 누군가에게 말하는 모든 것이다.

스피치를 잘하는 사람을 손꼽으라고 하면 흔히 방송에서 MC하는 신동엽과 김용만, 강호동, 유재석, 김제동, 김구라 이런 분들만을 생각한다. 하지만 청중 앞에서 설교를 하는 신부님, 목사님, 스님 중에서도 스피치가 뛰어난 분들이 아주 많다. 이 때문에 많은 사람들이 그분들의 얘기를 듣고 감동을 하는 것 아니겠는가!

보험이나, 자동차 영업하시는 분들 중에도 스피치 잘하는 분들이 아주 많다. 간혹 영업사원의 매끄럽고 뛰어난 말솜씨에 빠져 자신도 모르게 상품을 구매했던 경험이 있을 것이다. 사실, 바람둥이나 사기꾼도 어찌 보면 스피치를 아주 잘하는 사람들이라 할 수 있다. 그들은 말을 잘하기 때문에 한 여자라도 더 만날 수 있는 것이고, 말을 빈틈없이 아주 잘하기 때문에 사기를 한 번이라도 더 치는 것이다.

나는 요즈음 영어는 배우려고 기를 쓰면서 스피치는 배우려고 노력하지 않는 사람들을 바라보면 참으로 답답하다. 나는 단언컨대 영어보다 스피치가 인생을 훨씬 더 풍요롭게 만든다고 믿는 사람 중 하나이다.

스피치는 영어보다 더 확실한 당신의 경쟁력이다.

chapter 1

스피치 아마추어 10단계 코스

01
말하는 방법 3S

스피치에서 꼭 필요한 S로 시작하는 3가지 요소는 무엇일까.

스피치에 꼭 필요한 3가지 요소는 첫째 Story(내용구성), 둘째 Skill(강연기술), 셋째 Speaker(화자)이다. 이 3가지 요소 중 어느 한 가지만 빠져도 좋은 스피치를 기대할 수 없다.

스피치를 잘하기 위해서는 Story가 중요하다. 사람들에게 스피치를 할 때 무엇을 말할 것인가 하는 내용이 없다면 그 스피치는 잡담에 머물고 말 것이다. 스피치를 할 때는 그 이유와 목적이 분명히 있다.

자기소개인지, 상품소개인지, 면접인지 확실히 알고 거기에 맞는 스피치 내용을 준비해야 한다. 말하고자 하는 내용을 준비하지 않고 말하면 제 아무리 머리가 영리한 사람이라고 하더라도 말하고자 하는 내용이 엉뚱한 곳으로 빠지게 되기 쉽다. 게다가 했던 얘기를 앵무새처럼 자꾸만 반복하게 된다.

그 다음으로 내용을 전달하는 Skill, 즉 스피치기술이 중요하다. 독자 여러분들이 감성의 책을 구입한 이유가 이 기술을 알기 위해서일 것이다.

아무리 예쁜 최고급 스포츠카가 있어도 운전하지 못하면 무용지물이다. 내용이 아무리 좋아도 스피치로 잘 표현해 내지 못한다면 아무런 소용이 없다. 스피치는 말솜씨에서 판가름 난다.

끝으로 Speaker, 즉 말하는 당신이 중요하다. 당신의 프로필이 누가 보더라도 입이 떡 벌어질 만큼 화려하다면 말을 조금 어눌하게 한다고 해도 사람들은 당신의 말에 귀를 기울일 것이다. 또한 당신의 평판이 어떠냐가 스피치에 영향을 끼친다. 물론 평판이 안 좋아도 말 잘하는 사람은 너무나 많다. 하지만 당신이 회사에서 성실하고, 착하고, 대인관계까지 좋다고 소문이 난 상태라면 당신이 무슨 말을 해도 사람들은 굳게 믿고 신뢰하기 때문에 스피치 하기가 훨씬 더 쉬워질 것이다.

좋은 스피치를 하고 싶다면 Story(내용구성) · Skill(강연기술) · Speaker(화자)이 3가지 요소를 모두 갖추어야 한다.

02
자신감에 찬 큰 목소리로 말하라

청중은 말하는 사람의 목소리 크기만 들어도 그 사람이 말을 잘하는 사람인지 아닌지 금방 알아차린다. 남대문에서 "골라골라"를 외치는 아저씨의 목소리는 크고 시원시원하다. 이는 흔히 하는 말로 '목소리가 트였다'라는 말과 같다. 특히 이런 목소리는 스피치에 아주 유리하다.

큰 목소리는 씩씩해 보이고, 자신감 넘쳐 보이는 장점이 있다. 하지만 지나치게 목소리가 크기만 하면 듣는 사람에게 시끄럽다는 느낌을 줄 수도 있다.

작은 목소리는 침착해 보이고 지적으로 보이는 장점이 있다. 하지만 무언가 약해 보이고 자신감이 없어 보이는 단점이 있다.

그래서 일반적으로 스피치를 할 때는 듣는 사람의 시선을 잡을 수 있을 정도의 목소리 크기가 좋다. 이는 장소와 음향장비에 따라서 다르다.

  육성으로 10명이 모인 방에서 얘기할 때는 평상시 말하는 목소리보다 조금 크면 된다. 하지만 1000명이 모인 곳에서 육성으로 얘기할 때는 젖 먹는 힘까지 내어 큰 목소리로 말하지 않으면 아무도 관심을 주지 않는다. 군대에서 앞에 나와 구령하던 사람을 생각해보라. 하지만 이런식으로는 오랜시간 말하기 힘들다.

  사람이 많이 모이는 장소에서 마이크나 확성기를 사용하는 것도 큰 목소리를 1시간 이상 오래 낼 수 없기 때문이다. 따라서 스피치는 때와 장소에 따라 이러한 보조도구들을 잘 사용하는 것이 중요하다.

  스피치를 하다가 행여 자신의 목소리 크기가 적당한지 잘 모르겠다면 구석이나 맨 끝자리에 앉아 있는 청중에게 목소리 상태가 어떤지 물어보는 것도 한 방법이다. 나도 청중의 입장에서 남의 강의를 많이 들어봤지만 강사의 목소리가 안 들리는 것만큼 짜증나는 것이 없다. 그래서 스피치 할 땐 자신감 있는 조금 큰 목소리로 말한다.

03
듣기 좋은 High톤으로 말하라

지구상에는 수만 가지의 다양한 색들이 존재한다.

사람의 목소리도 자기만의 색깔이 있다. 성악가 중에는 소프라노가 있고 바리톤이 있고 베이스가 있다. 자신의 목소리 색깔에 따라 역할이 나누어지는 것이다.

목소리 색깔은 성악가에게만 해당되는 얘기가 아니다. 우리에겐 모두 자신만의 목소리가 있다. 그래서 가까운 친구들이 전화를 걸면 발신자표시가 안되도 그 목소리가 누구의 목소리인지 금세 알 수 있는 것이다.

사람들의 목소리는 가지각색이다. 목소리가 힘이 있고 밝고 시원한 사람도 있고, 목소리에서 슬픔이 묻어나는 사람이 있는가 하면 졸리는 목소리를 내는 사람도 있다. 이처럼 자신의 목소리가 어떤 색깔을 가지고 있는가를 스스로 아는 것이 매우 중요하다. 목소리가 특이하다고 고민하지 마라. 약간의 노력만으로도 스피치를 잘 할 수가 있다.

학창시절, 유독 수업시간에 날 졸리게 만드는 선생님이 있었다. 그 선생님은 늘 낮은 톤으로 수업을 진행했기 때문이었다. 이처럼 당신의 목소리가 낮고 처진다면 대부분 사람들은 하품을 하며 졸기 마련이다. 당신이 말할 때 사람들이 졸고 있는 모습이 보기 싫다면 가장 먼저 목소리부터 하이톤으로 바꿔라. 여기서 하이톤이 어떤소리인지 감이 안 잡힌다면 계이름 '도레미파솔라시도'에서 '솔' 정도 소리로 말하면 된다.

스피치는 밝고 활기찬 목소리가 좋다. 인사만 하더라고 밝고 활기찬 목소리로 "굿모닝" 하는 것과 우울한 목소리로 "굿모닝" 하는 것은 큰 차이가 있다. 특히 자기소개나 결혼식 사회, 리포터, 사업설명회 등에서의 스피치는 하이톤으로 밝고 활기차게 얘기해라. 그래야 그 장소가 생동감이 넘치고, 사람들이 당신에게 더 많이 집중한다. 반면 장례식장이나 엄숙한 자리에서는 목소리 톤을 약간 낮고 진지하게 얘기해야 한다.

쉽게 얘기해서 밝은 자리에서는 밝은 목소리로, 분위기가 어두운 자리에서는 묵직한 톤으로 얘기하라는 것이다.

04
파도처럼 말하라

목소리가 크고 톤이 좋다 하더라도 말에 강약이 없다면 정말 재미없는 스피치가 된다.

이는 우리가 흔히 말하는 로봇 목소리랑 별 차이가 없기 때문이다.

우리가 노래를 좋아하는 것은 리듬이 있기 때문이다. 스피치에도 리듬이 있다. 리듬이 있는 말은 듣기에 편하고 기억에도 오래 남는다.

말에 리듬을 타며 말하는 사람을 보고 우리는 맛있게 말한다며 귀를 기울인다. 같은 얘기라도 누가 하면 재미있고, 누가 하면 재미없는 이유가 여기에 있다.

스피치를 할 때에는 잔잔한 강물이 아닌 파도처럼 말하라. 약하게 말하다가도 중요한 부분에서는 강력하게 강조하며 말하라. 좋은 스피치란 때론 부드럽게 말하다가도 강조할 때에는 거칠게 말해야 하는 것이다.

어떤 사람의 말을 듣다보면 도대체 이 사람이 말하고자 하는 내용이 무엇이었는지 기억이 나지 않을 때가 있다. 이는 당신이 대충 흘려들은 까닭도 있겠지만 말하는 사람이 전달하고자 하는 뜻을 제대로 강조를 안 했기 때문일 수도 있다.

어떠한 얘기를 쭉 하다가 정말 중요한 부분에서는 강조를 해야 한다. 자기소개를 하는 상황이라면 자기 이름을 강조해야 한다.

자신의 이름을 사람들한테 소개할 때는 기억하기 쉽게 이렇게 말하는 것이 좋다.

"안녕하세요. 나이는 31살이고 서울에 살고 있습니다. 제 이름은 감성입니다. **감성이 넘치는 남자 감성.** 기억해 주세요."

진하게 쓴 글씨를 강조해주면 되는 것이다.

이제 간단한 문장으로 말의 강조 연습을 해보자.

'나는 어제 밥을 먹었다.'란 문장이 있다. 이 문장도 어느 부분을 강조하느냐에 따라서 말의 느낌이 달라진다.

하나하나 연습해 보자. 진하게 쓴 글자를 강조해가며 읽어보자.

나는 어제 밥을 먹었다.

'나는'을 강조해서 누가 먹었는지를 강조했다.

나는 **어제** 밥을 먹었다.

'어제'를 강조해서 언제 먹었는지를 강조했다.

나는 어제 **밥을** 먹었다.

'밥을' 강조해서 무엇을 먹었는지를 강조했다.

나는 어제 밥을 **먹었다.**

'먹었다'를 강조해서 밥을 어떻게 했는지를 강조했다.

남들 앞에 서서 말 할 때는 늘 강함과 부드러움이 겸비된 리듬 있는 스피치로 당신을 변화시켜라.

05
사투리를 스피치의 장점으로 만들어라

사투리 때문에 남 앞에 서서 말하기를 두려워하는 사람들이 있다.

하지만 우리가 알고 있는 강호동, 김제동은 경상도 사투리를 쓰지만 지금 대한민국 최고의 MC가 되어 있다.

방송에서 대부분의 사람들은 표준말을 쓴다. 하지만 이들은 경상도 사투리가 오히려 그들의 매력으로 승화됐다. 억지로 표준말을 써서 방송을 했다면 지금의 성공이 없었을 것이다. 그들에겐 사투리가 자연스럽다.

듣는 사람이 사투리를 받아들이는 이미지는 소박, 성실이라고 하는 호감이다. 사투리를 쓰면 좋은 점이 같은 고향 사람들이 당신이 말할 때 강한 향수를 느껴 당신의 스피치에 열심히 호응한다는 것이다. 이처럼 사투리를 고치기 힘들

강호동(좌)과 김제동(우)

다면 차라리 당신의 매력으로 만들어 버려라.

  단, 사투리가 너무 빠르거나, 다른 사람이 알아듣기 힘든 표현은 고치도록 노력해라. 어쨌거나 사투리는 당신의 스피치에 플러스가 되기도 하므로 너무 신경 쓰지 말자.

06
단정형의 보통 빠르기로 말해라

우리가 운전을 하다가도 과속을 하게 되면 과속카메라에 찍히게 된다. 왜냐하면 과속은 기름을 낭비하게 되고 사고의 위험성을 높이기 때문이다. 반대로 너무 천천히 달리게 되면 다른 차들의 주행에 방해가 되고 본인도 목적지에 늦게 도착하게 된다. 그래서 이런 것을 방지하기 위해 고속도로에는 규정속도를 명시하고 있다. 스피치도 마찬가지로 규정속도가 있다.

말의 속도가 너무 빠르면 전달이 안 되고, 말의 핵심을 이해하기가 어렵기 때문에 청중들이 집중을 못한다. 반대로 말이 너무 느리면 듣는 사람이 처진다. 조용한 음악을 들으면 나중에 졸리는 것처럼 말이다. 그래서 말의 빠르기는 보통 빠르기가 제일 좋다.

속도에 대한 감이 잘 안 잡힌다면 연예인으로 예를 들어주겠다. 말을 빨리하는 사람은 노홍철, 김구라씨고, 느리게 말하는 사람은 조영남씨다. 보통속도는 유재석, 김용만씨의 말하는 속도다. 최고의 스피치를 하고 싶다면 유재석이나 김용만씨의 말의 속도를 닮아라.

그리고 말을 할때 끝맺음을 정확히 해라. 말끝을 흐리거나 확신없는 말투는 버려야 한다.

우리가 말할 때 나쁜 습관이 하나 있는데 "~~한 것 같습니다." 란 표현이 그것이다. 이런 표현을 거듭하면 청중에게 자신감이 없어 보이게 되고 그의 말에 신뢰를 갖기 어렵게 된다.

내가 "이 책은 당신의 스피치 향상에 도움이 되는 것 같습니다."로 말할 때와 "이 책은 당신의 스피치 향상에 도움이 됩니다."로 말할 때는 큰 차이가 있다.

당신이 면접 보러 갔는데 "저는 이 회사에 취직하고 싶은 것 같습니다."라고 말한다면 누가 당신을 뽑겠는가? 앞으로는 말할 때는 "난 이 회사에 반드시 취직해야 합니다."처럼 자신감 있는 단정형으로 말해라.

단정형의 보통빠르기로 말하는 습관을 갖자. 좋은 습관이 좋은 스피치를 만든다.

07
입 꼬리는 올리고
눈빛은 자신감 있게하라

    사람의 얼굴을 보면 인생을 알 수 있다. 관상학에서는 사람의 얼굴에 성격, 재물운, 결혼운, 성공운이 그대로 나타난다고 한다. 오래전 얘기지만 회사 면접시험 때 사장 옆에서 관상 보는 분이 같이 심사한 회사도 있었다.

    내가 관상학을 맹신하는 것은 아니지만 나를 포함한 대부분의 사람들도 관상과 관련된 말을 많이 한다. '인상이 좋다, 착하게 생겼네. 고집 있어 보인다.' 같은 표현을 한다. 우리는 다른 사람의 얼굴을 보면 어떠한 느낌을 받는다.

    말 잘하는 사람들은 남 앞에서 말을 할 때 입으로만 하는 것이 아니라 얼굴로 말을 한다. 내가 아무리 "여러분 자신감을 가지세요."라고 입으로는 떠들면서 시선이 불안하고 표정이 경직되어 있다면 그 스피치는 절대 감동을 줄 수 없다.

대부분의 스피치에서 가져야 할 표정은 자신감 있고, 당당하고 여유 있는 모습이다. 그러한 모습을 보여줄 수 있는 곳이 얼굴에서 딱 두 곳이 있는데, 눈과 입이다. 특히 눈이 90% 이상이다.

이런 얘기 들어보았나? 저 사람 코를 보니 좋은 사람 같아. 저 사람 귀를 보니 미친 사람 같아. 이런 말을 하지 않는다. 하지만 눈으로 바꾸면 이상하지 않다. 눈은 마음의 창이다.

흔히들 '저 친구는 눈빛이 살아있어.' 라는 말을 하는데, 눈빛에 그 사람의 기운이 느껴진다는 것이다, 그리고 남녀 간에 눈 맞았다는 표현을 하는데, 누군가를 사랑하게 되면 눈빛이 변한다는 뜻이다. 또 미친사람도 눈을 보면 알 수 있다.

우린 입으로도 감정표현을 한다. 뭔가 불만이 있거나 기분이 나쁘면 입이 튀어 나온다. 그리고 기분이 좋으면 입이 귀에 걸린다고 할 정도로 쫙 벌어진다. 입도 눈만큼은 아니지만 나름 감정표현을 하고 있는 것이다.

'바늘 가는 데 실 간다' 는 속담처럼 말 가는 데 표정도 가야한다. 스피치할 때 가장 좋은 표정은 입꼬리가 살짝 올라간 미소 띤 모습에 자신감 있는 눈빛이다.

08
청중이 당신을 사랑한다고 생각해라

말을 잘 못하는 사람은 한꺼번에 많은 사람이 쳐다보는 것에 대해 일종의 공포에 가까운 감정을 느낀다.

시선공포증이라고도 하는데, 가까운 사람 앞에서는 말을 잘하다가도 남 앞에만 서면 낯선 사람이 나를 보고 있다는 사실을 너무 의식해서 부들부들 떨게 되는 것이다.

그래서 눈을 사람과 마주치지 못하고 하늘을 보든지, 땅을 보든지, 준비한 원고만 보고 읽는 사람이 있는데 이러한 시선처리는 최악이다. 당신은 하늘의 새와 얘기하러 나온 것도 아니고 땅바닥에 개미와 얘기하러 나온 것도 아니다. 당신은 청중에게 얘기하러 나왔다는 것을 잊지 마라.

아무리 많은 사람과 얘기하더라도 한명과 얘기하듯이 하면 된다. 시선은 전체를 골고루 보면서 모든 사람이 자기를 쳐다본다는 느낌을 주면 된다. 사람이 많다면 시선의 중심을 가운데에 두고 좌·우 청중에 간간히 시선을 줘라. 그러나 너무 시선을 자주 옮기는 것은 불안한 것처럼 보일 수 있으므로 주의해야 한다.

예전에는 청중을 호박이라고 생각하고 말하라는 사람도 있었지만, 청중은 생명력이 있는 사람이다. 모든 청중이 당신을 사랑하는 사람이라고 생각하고 다정하게 바라보면 절대 스피치가 두렵지 않을 것이다.

전에 유치원 재롱잔치 사회를 본 적이 있다. 그때 4~5살 먹은 아이들이 무대에서 노래에 맞춰 율동을 하는데, 아이들의 율동은 제멋대로, 실수투성이었다. 그런데 그 아이들의 어머니들은 그 모습이 너무나 사랑스러워서 어쩔 줄을 몰라 했다. 사랑하는 사람이 앞에 있다는 것은 큰 힘이다. 사랑하는 사람 앞에서 무엇이 두렵겠는가? 당신이 말하다 버벅거리고, 허둥대는 모습조차 사랑스럽게 봐주지 않겠는가? 이런 마음을 가지면 스피치가 부담이 없어지고 그러다보면 더 좋은 스피치가 나온다. 잊지마라. 청중은 당신을 사랑한다.

09
작은 제스처 하나가 스피치를 크게 향상 시킨다

우리는 지금까지 스피치에서 말만 중요한 것이 아니라 표정도 중요하다고 배웠다.

표정은 500명 이상의 많은 청중이 모인 곳에서는 부시맨처럼 시력이 4.0 정도 되는 사람이나 볼 수 있다. 이것이 표정의 한계다. 이러한 표정의 한계를 극복해 주고 스피치에 더 집중하게 해주는 것이 제스처다.

제스처 중에서 가장 일반적인 것이 손 처리와 발동작 그리고 스테이지 워킹이다. 그중에서 손 처리가 가장 중요하다. 어떤 사람은 말할 때 손을 어떻게 해야 할지 몰라 주머니에 넣거나 흔들거나 뒷짐을 지거나 하는데 이런 손 처리는 좋은 방법이 아니다.

말을 할 때 손을 자연스럽게 사용하는 것이 중요하다. 예를 들어 '사랑합니다.'라고 말하면서 손으로 하트 모양을 만든다던가, '전 오늘 성공의 5가지 방법을 알려 드리겠습니다'라고 말하면서 '첫째·둘째' 얘기할 땐 손가락으로 하나·둘 표시하는 것이 좋다. 그리고 '하느님이 지켜보고 있습니다.'라고 말할 땐 손으로 하늘을 가리키면서 말을 하면 된다.

미국의 존 F 케네디 대통령은 스피치를 할 때 중요한 대목이 나오면 위에서 아래로 손날을 강력하게 휘두르며 얘기를 했다. 그 동작 때문에 청중들은 '이 부분이 중요하다.'라는 생각을 저절로 갖게 된다.

우리나라 MC 중에서는 신동엽이 가장 손을 잘 사용한다. 그가 손을 잘 쓰게 된 이유는 어렸을 때 수화를 배워서 말과 수화를 동시에 하다 보니 자연스럽게 손을 잘 쓰게 됐다고 한다. 그래서 그런지 신동엽이 하는 얘기는 참 맛있고 보는 사람이 지루하지 않다.

발동작은 짝 다리를 짚거나 차렷 자세, 기마자세 이런 것만 아니면 괜찮다. 일반적으로 발은 어깨 넓이 정도 벌려서 얘기하는 것이 가장 편하다.

청중의 시선을 끌기 위해서는 스테이지에서 가만히 서서 얘기하는 것보다는 때에 따라서 좌우 앞뒤로 움직여주는 것이 좋다.

작은 제스처 하나가 당신의 스피치를 크게 향상 시킨다는 것을 늘 기억하라.

10
패션은 스피치의 날개다

    각종 시상식 때 가만히 살펴보면 여자 연예인들이 어떤 의상을 입고 나오는지 방송뿐 아니라 많은 사람들이 관심을 가진다.

    그래선지 여자연예인들은 몇 천만 원에서 수억 원짜리 옷을 입고 레드카펫을 밟는다. 예쁜 옷이 없으면 시상식에 나가기 싫다고 할 정도로 옷에 대한 집착이 심하다. 이는 옷으로 자신의 아름다움을 표현하고 더 나아가 자신감까지 얻기 위해서다.

    여자들 중에서는 '못생긴 남자는 참아도 옷 못 입는 남자는 못 참는다.'고 말하는 이들도 있다. 이는 못생겼든 잘생겼든 그게 중요한 것이 아니라 얼마나 자기 자신을 꾸밀 줄 아는지가 더 중요하기 때문이다.

'옷이 날개다' 란 말이 왜 나왔겠는가. 평상시에 옷이 날개라면 스피치에서 옷은 그냥 날개가 아니고 비행기 날개와 같다.

우리가 집에서 추리닝을 입었을 때와 결혼식을 가려고 정장을 입었을 때의 느낌은 너무나 다르다. 정장이나 예쁜 옷을 입으면 자신감도 생기고 당당해져서 말이 자연스럽게 더 잘 나온다. 청중의 시선 또한 사로잡을 수 있다.

옷을 대충 입으면 아무리 연예인이라고 하더라도 무대에서 시선을 끌기가 쉽지 않다. 태진아 씨는 오십이 넘은 나이에도 불구하고 무대에 설 때면 핑크색, 연두색 자켓을 입는다. 송대관 씨는 무대 의상을 입으면 옷이 구겨질까봐 의자에 앉지도 않는다고 한다. 이들의 이러한 숨은 노력이 있었기 때문에 오랜 기간 동안 국민의 사랑을 받는 것이다.

옷 다음으로 신경써야 하는 것이 헤어스타일이다. 남자 얼굴의 70% 이상이 헤어스타일에 달려 있다는 말이 있다.

나는 예전에 개그맨이 잘 웃기기만 하면 되지 스타일이 뭐가 중요하냐고 생각한 적이 있었다. 그즈음 평범한 머리를 하던 개그맨 윤택 씨가 어느 날 파마를 하더니 좀 있다가 웃찾사에 '택아' 란 코너로 이름을 알렸다. 김형인 씨도 웃찾사에서 '그런 거야' 란 코너를 할 때 빡빡머리로 이름을 알렸다. 그렇다고 이들처럼 너무 튀게 할 필요는 없고, 자기에 어울리는 헤어스타일을 하면된다.

지금 바로 거울을 봐라. 당신의 패션을 바꾸면 스피치도 바뀐다.

MBC 개그야 〈개그 신인왕전〉

〈감성의 달리는 인생택시〉 팬들과 함께

SBS 웃찾사 〈황당 그것이 알고 싶다〉

SBS 웃찾사 〈피곤한데〉

chapter 2

스피치 프로페셔널 8단계 코스

01
누구나 떨린다

　우리가 처음 자동차를 운전할 때는 너무 긴장해서 다리를 벌벌 떨면서 엑셀을 밟는다.
　그리고 양손은 핸들에 딱 붙어서 떨어질 줄을 모른다. 이런 상황에 핸드폰이 울리면 그냥 무시했다. 그러나 운전한 지 1년이 넘으면 한 손으로 운전하는 것은 보통이고 다른 한 손으로 전화를 받고 담배를 피운다. 심지어는 얼마나 운전에 자신이 있는지 졸음운전에 심지어 음주운전을 할 정도로 긴장이 풀린다.
　애인과 첫키스를 할 때를 생각해 보라. 너무 떨려서 어떻게 했는지도 기억이 안 나고 시간이 멈출 것 같은 착각에 빠진다. 그러나 키스도 자주 하다보면 키스하면서 딴생각을 할 만큼 여유로워진다.

뭐든지 처음 하는 것은 떨리게 마련이고 이런 떨림을 없애고 싶다면 많이 경험 하는 수밖에 없다. 운전이 편해진 것도 차를 많이 몰고 다녔기 때문이고, 키스할 때 잡생각이 나는 것도 이미 키스에 익숙해졌기 때문이다.

여러 사람들 앞에서 이야기 하는 것이 두려운 것은 당연한 것이다. 스피치에 자만하지 않는 사람이라면 누구든지 당연히 긴장도 하고 약간 떨게 된다. 나도 아직 행사장에서 첫 멘트를 날려서 관객의 반응을 확인하기 전까지는 늘 떨린다. 나뿐만 아니라 스피치의 달인이라 할지라도 익숙하지 않은 무대나 관객 앞에서는 약간의 긴장감을 갖는다.

하지만 적당한 긴장감은 오히려 스피치 하는 데 큰 도움이 된다. 스피치 내용을 한 번 더 검토하게 되고, 스피치에 집중력이 생긴다. 그러나 너무 과도한 긴장을 하면 머릿속이 하얗게 돼서 아무 생각이 안 나고, 심장이 빠르게 뛰고, 다리는 후들거리고, 눈앞도 뿌옇게 흐려진다. 당연히 스피치를 망치게 된다.

스피치 할 때 떨리면, 스스로에게 '난 떨리지 않다' 고 말하기 보다는 '오늘 좀 떨리는데' 라고 인정해라. 그리고 떨림은 누구나 있는 당연한 일로 생각해라.

| 떨림을 사라지게 하는 방법들

1. **스피치 할 기회를 많이 가져라.**
   뭐든지 처음이 힘든 것이다. 자꾸 하다보면 점점 편해진다.

2. **스피치 연습을 충분히 하라.**
   청중 앞에서 무슨 얘기를 할지 준비가 안 되면 떨린다.

3. **당신이 아는 사람을 발견하라.**
   친구나 가족 앞에서는 얘기를 잘하기 때문에 스피치 중에 아는 사람을 찾는 것만으로도 큰 도움이 된다.

4. **내 얘기에 긍정적인 사람을 찾아라.**
   앞쪽에 앉아서 고개를 많이 끄덕이거나, 잘 웃거나, 메모를 잘 하는 사람은 당신에게 긍정적인 사람이다.

5. **칠판에 글을 써라.**
   몸을 움직이기 때문에 긴장이 완화되고 청중의 시선이 칠판으로 가기 때문에 마음도 편해진다.

6. **청중을 참여시켜라.**
   청중에게 배포자료를 읽게 하거나 간단하게 스트레칭을 시키면 청중이 할 일이 있기 때문에 시선을 분산시킬 수 있다. 이 방법은 이야기에 변화를 주고 싶을 때도 큰 도움이 된다. 앉아서 경청만 하는 청중에게 할 일을 줘라.

7. **자문자답하라.**
   스스로에게 질문을 던지고 대답을 스스로 하다보면 청중을 신경 쓰지 않아도 되므로 떨림을 극복하는 데 도움이 된다. 이야기를 전개해 나가는 데도 도움이 된다.
   "인간에게 있어서 가장 소중한 것이 무엇일까요? 그렇습니다. 사랑입니다." 처럼 자문자답을 하다보면 어느 순간 떨림이 사라진다.

02
자기가 잘 알고 있는 얘기를 해라

요즘 TV나 라디오 등 말 잘하는 사람의 스피치를 볼 기회가 많아져서 그런지 대부분의 사람들은 말을 보통 이상으로 잘한다.

하지만 사람들은 자기가 말을 잘 하는 사람이라고 스스로 인정을 하지 않는다. 대중 앞에만 서면 갑자기 탁 막히기 때문이다.

스피치를 너무 특별한 것으로 생각하지 마라. 친구들과 대화하는 것처럼 평소처럼 하면 된다. 말을 너무 잘하려고 하지 마라. 잘하려고 하면 할수록 더 큰 부담이 되어 말이 더 안 나오는 경우가 많다. 그냥 편하게 가볍게 얘기한다는 생각을 가져라.

나는 모든 사람이 스피치를 잘 할 수 있다고 생각한다. 친구랑 커피숍이나 술

자리에서 대화를 나눌 때를 생각해보자.

"지난 여름 해운대로 피서를 갔다 왔는데……"로 시작해서 1시간 동안 해운대에서 있었던 일을 쉬지 않고 얘기하던 모습, "어제 TV에서 이효리 뮤직비디오 봤냐? 야, 이효리가 몸매관리를 어쩌고저쩌고, 피부 관리는 어쩌고저쩌고……" 수많은 연예인의 이름을 들먹이며 침이 튀도록 떠들던 사람도 주변에 많다.

누구나 자신이 좋아하는 일이 화제에 오르면 누구라도 열심히 이야기꽃을 피운다. 축구를 좋아하는 사람은 몇 시간이라도 축구 얘기를 하고, 드라마를 좋아하는 사람은 드라마 얘기에 지치지 않고 즐겁고 흥미롭게 말한다.

당신을 스피치대통령으로 만들어줄 잠재능력이 이러한 모습들이다. 이제 이 잠재능력을 청중 앞으로 끌어내기만 하면 된다.

03
연기자가 되어라

개그맨 중에는 성대모사를 잘하는 사람이 있다. 이들은 앙드레 김이나 신문선, 안성기 등 수많은 유명인들의 목소리를 흉내를 잘 낸다. 개그맨들은 감각적으로 다른 사람의 목소리 톤의 특징이나 말의 습관을 캐치하는 것이 빠르다. 그 모습에 사람들은 박수도 치고 즐거워한다.

이런 재능은 개그맨들만의 것이 아니다. 당신도 얼마든지 성대모사도 할 수 있을뿐더러 목소리를 자유자재로 바꿀 수가 있다.

말을 하다보면 어머니 얘기를 할 수도 있고, 할아버지 얘기를 할 수도 있고, 아이들 얘기를 할 수도 있다. 이때는 자신의 원래 목소리보다는 그분들의 목소리를 흉내 내면서 얘기해보라. 당신의 얘기가 훨씬 더 맛이 날 것이다.

내가 전에 스피치 과외 했던 학생도 이런 흉내를 전혀 못 냈다. 그 학생도 꾸준한 연습으로 결국 성대모사를 아주 잘 할 수 있게 되었다.

목소리뿐만이 아니다. 동작이나 모습을 흉내 내기에 소질이 있는 분들은 상황까지도 연기해보라. 예를 들어 '지하철에서 비호감 일등은 다리 쩍 벌리고 앉는 사람이죠?' 라고 말하면서 실제로 그런 상황을 연기해 주면 사람들이 더 공감하고 재미있어 한다.

TV오락 프로에서도 여자친구에게 '프로포즈 어떻게 했는지 재현해 보겠습니다.' 하면서 게스트에게 연기를 요구하는 것도 리얼리티의 재미를 주기 위해서다.

스피치에 연기를 넣어주면 스피치에 생동감이 넘치게 된다.

04
명언을 사용하라

 김제동 씨는 레크리에이션 MC에서 방송MC로 성공적인 진출을 할 수 있었다.
 가장 큰 이유는 그만의 화려한 말솜씨 때문만은 아니었다. 그 당시 그가 다른 MC들과 달라 보인 이유는 말할 때 명언이나 감동적인 이야기를 적절히 섞어서 얘기를 했기 때문이다. 이러한 모습에 사람들은 더 큰 재미와 감동을 받게 되었고 그를 좋아하게 된 것이다. 오죽하면 김제동 어록까지 나왔겠는가!

 독일의 속담에 이런 것이 있습니다.
 "금이 아름답다는 것을 알게 되면, 별이 아름답다는 것을 잊어버린다.

여러분은 아직 금의 아름다움보다는 별의 아름다움을 즐기실 나이이라고 생각합니다.
오늘의 젊음 영원히 간직하시기 바랍니다."

– 윤도현의 '러브레터 리플을 달아주세요' 중에서

자기가 하고자 하는 말 앞에 명언을 사용하면 당신의 말에 힘이 실리고 당신을 지적으로 보이게 한다. 명언을 인용하는 것은 그리 어렵지 않다.

내가 자주 쓰는 명언들이다.

'태양을 향해 쏜 화살이 해바라기를 향해 쏜 화살보다 멀리 나간다.' 란 말이 있습니다. 여러분 꿈을 크게 가지세요.

'잠을 자는 사람은 꿈을 꾸지만, 잠을 이기는 사람은 꿈을 이룬다.' 란 말이 있습니다. 우리 조금만 더 노력해서 꿈을 이룹시다.

'행복해서 웃는 것이 아니라, 웃어서 행복하다.' 란 말이 있습니다. 힘들더라도 한 번만 더 웃어보세요. 좋은 일이 생깁니다.

이처럼 명언으로 마무리 멘트를 하면 야구에서 선동열 선수가 마무리투수로 활약할 때처럼 늘 마음이 든든하고 편안해진다.

좋은 명언 10개 정도는 꼭 암기하자.

05
성공적인 스피치를 상상하라

성공적인 스피치를 상상하는 것만으로도 스피치에 도움이 된다.

이 말에 의문을 품는 분들이 간혹 계실지도 모르겠지만 이는 정말 중요한 것이다.

그동안 이루어낸 모든 과학적 성과들은 누군가가 상상을 했던 것들이다. 어렸을 때 만화영화에서 보았던 핸드폰이나 나르는 자동차, 우주여행, 로봇 등도 지금 다 발명되었다. 그리고 계속해서 발전하고 있다.

미국의 일리노이 대학에서 재미있는 실험을 한 적이 있다. 이 대학 농구팀 선수를 A,B,C 세 그룹으로 나누었다. A그룹 선수에게는 한 달 동안 슈팅 연습을 시켰다. B그룹 선수에게는 한 달 동안 슈팅 연습을 시키지 않았다. C그룹 선수들에게는 매일 30분 동안 마음속으로만 슈팅연습을 하고 실력이 향상되는 상상을 하는 '이미지 트레이닝'만 했다.

한 달이 지난 후 놀라운 결과가 나왔다. 전혀 훈련을 하지 않은 B그룹이 아무런 진전이 없었던 것은 예상대로였다. 하지만 매일 체육관에서 실제 연습을 한 A그룹과 이미지트레이닝만을 했던 C그룹 선수들이 똑같이 슈팅 득점률이 25% 향상을 보였다.

수많은 전쟁에서 승리를 했던 나폴레옹은 이런 말을 했다.

> 전쟁의 승리는 우리가 이미 장악하였다.
> 치밀한 목표달성 계획은 텐트 안에서 이미 완성되었기 때문이다.
> 우리는 텐트 안에서 이미 승리를 맛보았다.
> 나는 오직 목표만을 바라볼 뿐이다.

나폴레옹은 실제 전투 전에 상상 속으로 어떻게 싸울지 연구했다. 이처럼 스피치에서도 상상이 중요하다. 스피치를 어떻게 할 것인가 상상하고 또한 청중들의 뜨거운 반응을 상상하라. 성공적인 스피치를 상상하면 그대로 이루어진다.

06
암기하지 마라

당신이 아무리 머리가 좋다 하더라도 A4용지 4장 분량의 연설문을 암기한다는 것은 정말 어렵다.

설령 그걸 다 암기한다 하더라도 청중 앞에 서게 되면 그 얘기가 생각이 나지 않는 경우가 많다. 설령 생각이 나서 암기한 대로 연설을 한다고 해도 암기한 거 생각하느라 말에 열정을 쏟을 수가 없다. 절대 암기하려고 하지 마라.

달변가로 알려진 처칠도 이 교훈을 배우기까지 쓰라린 경험을 했다. 처칠은 젊었을 때 연설 원고를 만들어 암기했다.

어느 날, 영국 의회 단상에서 연설을 하는 도중 갑자기 암기했던 문구 하나가 기억나지 않았다. 그 때문에 다른 아무것도 생각해 낼 수가 없게 되었다. 그는

처칠

당황한 채 한참 동안 서 있었다. 연설했던 내용을 한 번 반복해 보았지만 역시 생각은 떠오르지 않고 얼굴만 달아올랐다. 그는 결국 연설을 계속하지 못하고 자리에 돌아와 주저앉고 말았다. 그때부터 처칠은 절대로 암기하지 않았다. 그 뒤 그는 최고의 연설가가 될 수 있었다.

최고가 되고 싶다면 절대 암기하지 마라.

| 암기하지 않고 스피치를 준비하는 방법 6가지

1. 이야기의 순서를 정해라.

    예) 건강을 주제로 얘기한다면, 먼저 순서를 정해라
    ① 건강의 중요성
    ② 건강하게 사는 5가지 방법
    ③ 잘못 알고 있는 건강상식

2. 각 제목에 대해서 스피치 하고 싶은 내용을 노트에 적어라.

3. 제목에 대해 적은 내용을 보고 몇 번 읽어라.

4. 제목만 보고 내용을 그냥 말해 보아라.

5. 스피치 최종연습

    (자기소개-스피치 내용-마무리 멘트)

6. 스피치 컨닝페이퍼를 만들어라.

    (이야기 순서와 제목 그리고 키워드 정도만 적어서 스피치 할 때 참고하라.)

※ 전문적인 용어나 데이터수치 같이 외우기 힘든 것들은 자료를 보고
   읽어도 상관없다

07
시작과 마무리 멘트는
확실하게 준비하자

나폴레옹은 '첫 인상은 두 번 다시 만들 수 없다'라고 말했다. 영화감독들의 이야기를 들어보면 처음 시작하는 5분에 엄청난 에너지를 쏟는다고 한다. 처음에 관객의 시선을 사로잡지 못하면 흥행에 실패하기 때문이다.

개그맨 시험을 심사했던 방송국 PD들의 말에 따르면 30초에서 1분이면 합격시킬지 여부가 결정된다고 한다. 요즘은 스피드 시대다.

스피치에서도 처음이 너무나 중요하다. 청중은 당신의 모든 얘기를 다 들은 후에 '이 사람은 프로다', '이 사람 얘기는 재미있겠네.', '이사람 말 잘하네.' 라고 평가하는 것이 아니라 당신의 말 첫머리에서 이미 결정을 해버린다.

첫머리에 말을 더듬거나 머리를 긁적거리거나 말을 얼버무리면 당신은 아마추어 취급을 당한다. 이렇게 한 번 박혀버린 이미지는 다시 회복하기가 어렵다.

첫머리에 많은 에너지를 쏟아라. 첫 멘트는 마음에 있는 말을 그대로 하면 된다. "이런 자리를 마련해 줘서 감사합니다.", "생각보다 많은 분들이 와주셨네요, 감사합니다."처럼 마음에 있는 자연스러운 이야기로 시작해라.

청중을 웃게 만드는 것도 중요하다. 조크를 준비해도 좋고, 애드립을 쳐서라도 청중을 웃게 만들어라. 웃다보면 청중은 당신에게 관심을 가질 수밖에 없다. 그러고 보면 스피치를 성공적으로 마무리할 수 있다.

하지만 간혹 이런 경우도 있다. 첫머리와 내용은 좋았는데, 마무리 멘트를 흐지부지 끝내는 바람에 스피치에 실패하는 경우다. 사실 마무리 멘트라는 것이 특별한 것이 아니다. "이상 제 강의를 마치겠습니다."도 마무리 멘트지만 좀 더 마무리의 의미를 두자면 "오늘 제가 긴 시간동안 말 잘하는 방법에 대해서 말씀드렸는데요. 가장 중요한 것은 말하는 사람의 열정과 진실입니다. 이 두 가지만 꼭 기억해주세요. 고맙습니다."처럼 다시 한 번 오늘 강의의 핵심을 알려주고 끝내자. "천 리 길도 한걸음부터란 말이 있죠. 말 잘하기 위해서 작은 것부터 하나하나 실천하다보면 어느 순간 스피치 대통령이 되어 있을 겁니다. 고맙습니다."처럼 명언이나 속담을 인용해서 끝내는 것도 좋은 마무리다.

시작과 마무리 멘트는 확실히 챙겨라.

08
공감대를 찾아라

"당신이 가장 존경하는 사람은 누굽니까?"라고 물어 봤을 때 "이순신장군입니다. 세종대왕입니다. 김구선생님입니다."라는 이런 대답이 나오면 이유를 묻지 않는다.

이는 이분들이 어떤 분인지 이미 알고 있기 때문에 저절로 공감대가 형성이 되었기 때문이다.

이와는 달리 "존경하는 사람이 감성입니다."라고 하면 많은 질문이 쏟아진다. "그가 누구냐? 무슨 일은 했느냐?" 등등... 그러면 차분하게 설명을 해줘야 한다.

방송에 나오는 연예인이나 유명한 스포츠 선수들도 이미 그들이 누군지 다 알고 있기 때문에 공감대가 형성이 되어 있다. 까닭에 '장동건 닮았네요.' 하면 장동건은 잘생긴 남자라는 공감대가 이미 형성되어 있기 때문에 누구나 다 좋아하는 것이다.

대한민국 사람들은 공감대를 좋아한다. 학연이나 지연에 얽매이는 것도 이 때문이 아니겠는가?

스피치에서 공감대가 중요한 이유는 무엇일까? 만약 당신이 청중과 공감대가 형성되어 있다면 청중의 관심을 끄는 것은 물론 청중에게 친숙함까지 들게 할 것이다.

나는 일반회사에 초청되어 스피치를 할 때는 내가 직장 다니던 때의 얘기를 한다. "제가 개그맨 되기 전에 직장생활을 했는데, 아침 8시 30분까지 출근해서 퇴근 시간은 6시인데 남은 업무 하고 가느라 8시쯤 퇴근해요. 이 회사는 어떤가요? 그리고 너무 컴퓨터만 몇 시간동안 보다보니깐 시력이 많이 나빠졌는데 여러분들은 짬짬이 눈 운동을 해주세요."라고 이야기하면 회사 사람들은 나를 더 친숙하게 여긴다.

공감대를 얻기는 쉽다. 학생들이면 학교 다닐 때 얘기를 해주고, 군인들이면 군대 있을 때 얘기를 해주고, 할아버지 할머니들에게는 건강해지는 방법을 알려드리면 된다. 아저씨들만 있을 때는 약간 야한 농담도 좋다. 스피치 하는 곳의 시설에 관한 얘기나 모든 사람이 알만한 사장님이나 직장상사에 대해서 얘기하는 것도 공감대 형성에 아주 좋다.

청중과 공감대를 형성해 버리면 사람들은 당신에게 큰 호감을 느낀다. 당신 또한 스피치 하는 부담까지 덜어낼 수 있으니 일석이조가 아니겠는가.

chapter 3

스피치대통령 22단계 코스

01
열정적으로 말하라

열심히 한다. 노력한다. 꿈이 있다. 의지가 있다. 끈기가 있다. 최선을 다한다. 성실하다. 이 모든 말을 포함하는 단어가 있다면 그것은 바로 열정이다.

수많은 자기계발 책에서도 '열정을 가지라'고 말한다.

열정은 당신의 꿈을 이루어주고 사랑을 이루어준다. 열정은 건강을 찾아주고, 당신이 관심 있어 하는 스피치 실력도 키워 준다. 말에 열정을 담으면 당신은 상대방 마음을 움직일 수 있다.

데일 카네기는 "열정은 전염된다."라는 유명한 말을 남겼다. 이처럼 당신이 열정을 가지고 열심히 말하면 상대방도 진지하게 들어줄 수밖에 없다.

열정의 사전적 의미는 '어떤 일에 열렬한 애정을 가지고 열중하는 마음'이다.

쉽게 말해서 열정은 정을 열 번 주라는 뜻이다. 1번 연습할 거 10번 하고, 1번 검토할 거 10번 검토하고, 어떻게 하면 더 잘 할지 1번 생각할 거 10번 생각하는 것이 바로 열정이다.

사람은 본능적으로 저 사람이 스피치를 열심히 했는지 대충 했는지 금방 안다. 설사 누군가가 자신의 열정을 알아주지 않는다 하더라도 자기 스스로에게는 떳떳할 것이다. 이것이 바로 우리가 스피치에 열정을 담아야 하는 까닭이다.

● ● 말 더듬이 자동차 판매왕 조지라드

조지라드는 자동차 세일즈업계에서 신화적인 인물이다. 그는 1965년 디트로이트 시보레 자동차 영업소에서 12년 동안 1만3천 대의 자동차를 팔았다. 그는 세계 기네스북에 개인 자동차 판매부문 12년 연속 최고 판매기록을 가지고 있으며, 그 기록은 지금까지도 깨지지 않고 있다.

더욱 놀라운 사실은 그가 말더듬이라는 것이다. 말을 더듬는다는 것은 세일즈맨에게 있어서 엄청난 치명타이다. 하지만 그는 오로지 열정 하나로 엄청난 일을 해낸 것이다.

"난 말도 못합니다. 더구나 심각한 말더듬이입니다. 난 차를 팔려고 하지 않았습니다. 다만 고객을 위해 무엇을 할 것인가를 생각했습니다. 그리고 한 고객이 생기고 나서도 새로운 고객을 찾지 않았습니다. 그 첫 번째 고객이 너무 고마워서 그에게 관심을 기울였을 뿐입니다.

고객에게 집중하십시오. 내게 자동차를 사갔던 모든 분들에게 최선을 다하십시오. 그리고 그 성과에 대해 적절한 보상을 하십시오. 제가 판매왕이 된 것은 오로지 그것뿐이었습니다."

― 조지라드, 자동차 판매왕으로 선정된 뒤 첫 번째 연설 중에서.
※ 출처 〈자동차 판매왕 조지라드〉

● ● 시련은 있어도 실패는 없는 사람 정주영

열정, 하면 가장 먼저 떠오르는 사람이 있다. 세계의 수많은 위인들 중에서 이 분이 떠오르는 것은 참 기분 좋은 일이다.

가난한 농부의 아들로 태어나 막노동꾼에서 지금의 '현대'라는 대기업이 생기게 했던 바로 그분, 고 정주영 회장이다. 그의 저서와 수많은 일화를 살펴보면 그가 얼마나 열정적인 사람이었는지 쉽게 알 수 있다.

현대조선소를 설립할 당시 정주영 회장에게 가장 큰 문제는 돈이었다. 정 회장은 1971년 9월 영국 버클레이 은행으로부터 차관을 얻기 위해 런던으로 날아가 A&P 애플도어의 롱바톰 회장을 만났다. 하지만 조선소 설립경험도 없고, 선주도 나타나지 않은 상황에서 영국은행의 대답은 한마디로 'NO'였다.

정 회장은 물러서지 않았다. 정 회장은 갑자기 바지주머니에서 500원짜리 지폐를 꺼내 펴 보였다.

> "이 돈을 보시오. 이것이 거북선이오. 우리는 영국보다 300년 전인 1500년대에 이미 철갑선을 만들었소. 단지 쇄국정책으로 산업화가 늦었을 뿐, 그 잠재력은 그대로 갖고 있소."

정 회장은 이러한 임기응변으로 롱바톰 회장을 감동시켜 마침내 현대조선소를 설립할 수 있는 차관을 얻어내는 데 성공했다.

정주영 회장은 소학교만 나왔고, 금융적인 지식도 없었지만 꼭 돈을 빌려야 한다는 강한 열정이 있었기에 이렇게 훌륭한 스피치를 할 수 있었다.

우리는 어떤 일을 하기 전에 먼저 머리로 생각한다. '이 일은 너무 어려운 거 같다. 너무 힘든 일이야, 내가 어떻게 할 수 있겠어.' 라고 스스로 말하며 쉽게 포기한다.

이러한 우리에게 정주영 회장님은 묻는다.

"해봤어?"

스피치가 어렵다고 생각하는 당신에게 감성도 묻는다.

"스피치 열정적으로 해봤어?"

스피치를 열정적으로 하라. 열정은 당신의 모든 단점들을 보호해주는 갑옷이 되어 줄 것이며 당신을 성공으로 이끌어 줄 것이다.

02
진실을 담아 말하라

'말 한마디에 천 냥 빚을 갚는다.'는 속담이 있다. 이처럼 값비싼 선물보다 진실된 말 한마디가 더 큰 감동을 줄 때가 많다.

내가 알고 있는 바람둥이들 좋게 표현해서 연애박사들이 이구동성으로 하는 말이 있다. 이성을 사귈 때 가장 중요한 것은 외모도, 돈도, 학벌도 아니고 오직 진실된 마음이라고 말한다. 내가 진심으로 당신을 사랑하고 있다는 표현을 해야 상대방의 마음을 얻을 수 있다는 것이다. 진실은 이성의 마음뿐만 아니라 수많은 청중의 마음도 사로잡을 수 있는 강력한 무기이다. 이 말은 진실이다.

자신의 제품에 확신이 없는 영업사원은 결코 최고의 영업사원이 될 수 없다. 하나님을 믿지 않는 목사가 성도에게 감동을 줄 수 없고, 국민을 사랑하지 않는 대통령은 국민의 사랑을 얻을 수 없다. 왜냐하면 이들의 마음속에는 진실이 없기 때문이다.

화려한 수식어와 현란한 기교는 있지만 진실이 빠져 있다면 그것은 앙꼬 없는 찐빵이나 마찬가지다. 당신이 정직하게 살아 왔다면 진실을 담아서 말하는 것이 어렵지 않다. 말을 할 때 머리로 말하지 말고 가슴으로 말하면 되는 것이다.

● ● 진실된 스피치로 세계를 감동시킨 간디

한 여자가 아들을 데리고 간디를 찾아와 체중 조절과 치아 보호를 위해 설탕을 먹지 말도록 충고 좀 해달라고 했다. 간디는 "지금은 해 줄 수가 없고 한 달 뒤에 오시겠습니까?"라고 말했다.

그 여자는 간디가 자신을 소홀히 대하는 것 같아 기분이 무척 상했다. 그 여자는 위대한 지도자가 도움을 줄 것으로 기대하고 먼 길을 온 터였다. 그 여자는 간디의 말에 큰 기대를 걸지 않고 다시 길을 떠났다.

한 달 뒤 그녀가 다시 간디를 찾아왔다. 간디는 그때 아이 앞에 무릎을 꿇은 채 그 아이의 손을 잡고 "애야, 설탕을 먹지 말아라. 그것은 너에게 좋지 않아."라며 조심스럽게 타일렀다. 간디는 아이를 축복하고 엄마에게 돌려보냈다.

간디의 이러한 모습을 본 그 여자는 감사하면서도 당혹해했다. 그 여자가 간디에게 "왜 한 달 전에는 그런 말씀을 하시지 않았나요?"라고 물었다. 간디는 "한 달 전에는 저도 설탕을 먹고 있었습니다."라고 대답했다.

- 『간디가 위대한 이유』 중에서

간디는 자신도 지키지 못하는 것을 아이에게 시킬 수가 없었다. 아이에게 시키기만 하고 스스로는 정작 실천하지 못하는 우리의 모습과는 너무나 다르다. 간디는 이러한 성품을 지녔기에 진실된 스피치를 할 수 있었다.

마하트마 간디에 얽힌 일화 한 토막 더 살펴보자.

간디가 영국 의회에서 연설을 마치고 기립박수를 받는 동안 기자들이 간디의 비서에게 다가가 물었다.

"그가 연설문도 없이 거의 두 시간 동안 이 연단에 서서 영국의 정치 지도자들을 납득시키는 것을 주시하지 않을 수 없었습니다. 그는 연설하는 내내 메모 한 번 보지 않았습니다. 어떻게 그렇게 할 수 있죠?"

기자들은 간디의 비서가 간디의 신비스런 웅변 기술에 대해 말해주리라 잔뜩 기대하고 있다가 간디의 비서가 하는 말을 듣고 크게 놀랐다.

"당신들은 모릅니다. 당신들은 간디를 모릅니다. 보다시피 그가 생각하는 것은 그가 느끼는 것입니다. 그가 느끼는 것은 그가 말하는 것입니다. 그가 말하는 것은 그가 행하는 것입니다. 간디가 생각하는 것, 느끼는 것, 말하는 것, 행하는 것은 모두 일치합니다. 그는 연설문이 필요 없습니다. 당신과 나는 느끼는 것과 다른 생각을 하기도 합니다. 우리의 말은 누가 듣고 있느냐에 따라 다릅니다. 우리의 행동은 누가 보고 있느냐에 따라 다릅니다. 이 점에서 간디는 우리와 다릅니다. 그에게 준비된 원고가 필요하지 않습니다.

- 『간디가 위대한 이유』 중에서

영화 〈로마의 휴일〉의 주인공이면서, 만인의 연인으로 불리는 오드리 햅번도 진실 스피치를 하는 사람 중 한 명이다.

그녀는 화려한 스크린 생활을 뒤로 하고, 말년에 접어들어 암으로 엄청난 고통을 받으면서도 아프리카 어린이들을 보살피는 사회봉사를 온몸으로 실천했다.

오드리 햅번이 어찌 스피치 대통령일까 생각하겠지만 그녀가 딸에게 남긴 마지막 유언은 지금도 전 세계인을 감동시키고 있다. 이유는 딱 하나다. 그녀의 말 속에 딸에 대한 사랑과 진실이 들어있었기 때문이었다.

● ● 오드리 햅번이 남긴 마지막 유언

사랑스런 눈을 갖고 싶으면

사람들에게서 좋은 점을 보아라.

날씬한 몸매를 갖고 싶으면

너의 음식을 배고픈 사람과 나누어라.

아름다운 머리카락을 갖고 싶으면

하루에 한 번 어린이가 손가락으로 너의 머리를 쓰다듬게 하라.

아름다운 자세를 갖고 싶으면

결코 너 자신이 혼자 걷고 있지 않음을 명심하며 걸어라.

사람들은 상처로부터 치유되어야 하며

낡은 것으로부터 새로워져야 하고

병으로부터 회복되어야 하고

무지함으로부터 교화되어야 하며

고통으로부터 구원받고 또 구원받아야 한다.

오드리 햅번

결코 누구도 버려서는 안 된다.

기억하라!

만약 내가 도움을 주는 손이 필요하다면

너의 팔 끝에 있는 손을 이용하면 된다.

네가 더 나이가 들면 손이 두 개라는 것을 발견하게 될 것이다.

한 손은 너 자신을 돕는 손이고

다른 한 손은 다른 사람을 돕는 손이다.

그녀의 삶이 진실이었기에 딸에게 한 이 유언은 오드리 햅번처럼 영원할 것이다. 당신에게 진실이 있는가? 그렇다면 당신은 이미 스피치 대통령이다.

03
S = P*T

사람들은 누구나 학교에 다닐 때 수학공식과 물리공식, 화학공식, 영어공식 등 많은 공식을 배우고 익혔을 것이다.

공식이란 것은 우리가 무언가를 배울 때 좀 더 수월하고 쉽게 오래 기억하기 위해서 만들어 놓은 것이다.

나도 스피치에 공식을 만들었다. 원래 공식이란 것은 짧으면 짧을수록 좋기 때문에 짧게 만들었다.

$$S = P*T$$

S는 speech의 약자이고 P는 passion, T는 truth이다. 이 공식을 쉽게 말하자면 스피치는 말에 열정과 진실이 담겨 있으면 된다는 것이다. 이것만 확실히 알

아도 여러분은 이 책값을 이미 다 뽑은 것이다.

'뭐가 이렇게 간단하냐?' 고 묻는 분들도 있을 것이다. 하지만 원래부터 진리는 간단하다. 당신이 하는 말은 단순히 입에서 떠들기만 하면 안 된다. 입이 아니라 당신의 심장에서 나온 말을 열정을 갖고 전달하기만 한다면 당신의 스피치는 성공이다.

'게으른 천재는 노력하는 둔재를 이기지 못한다.' 는 말이 있다. 당신이 계속해서 열정적으로 노력한다면 당신의 스피치는 저절로 늘 수밖에 없다.

●● 진실과 열정, 박지성에게 배워라

박지성을 봐라. 평발에 동양인에 키도 작은 축구선수가 세계의 최고 클럽인 프리미어리그의 맨체스터 유나이티드에서 주전선수로 뛰고 있지 않은가. 동양인을 무시하기 좋아하는 서양인들의 마음을 사로잡은 것은 박지성의 화려한 개인기가 아니라 축구장에서 심장이 터지도록 뛰어다니는 그의 열정이었다.

화려한 개인기라면 박지성보다 뛰어난 선수들이 더 많다. 하지만 축구에 대한 열정은 박지성이 최고다. 그의 열정적인 모습이야말로 말이 안 통하는 전 세계 축구팬들의 마음까지 움직일 수 있었다.

당신도 열정 하나로 청중의 마음을 사로잡을 수 있다. 여기에 하나 더 필요한 것이 있다면 진실이다. 당신이 하는 말에 진실이 담겨 있어야 한다는 것이다.

요즘은 거짓말 탐지기가 나와서 그 사람이 하는 말이 진실인지 거짓인지 확인할 수 있다. 거짓말 하는 사람은 눈동자의 움직임부터 달라진다고 한다. 진실이 없는 거짓말은 티가 나기 마련이다.

박지성이 돈을 많이 벌기 위해 축구를 했다면 지금의 자리까지 올 수 없었을 것이다. 그 수많은 어려움 속에서 진작 포기했을지도 모른다. 그는 축구를 진실로 좋아했기에 부와 명예가 저절로 따라온 것이다.

당신이 진실로 스피치를 한다면 박수와 환호가 저절로 따라올 것이다. 당신이 혼자 힘들게 리어카를 끌며 언덕길을 오를 때 두 명의 친구가 항상 당신을 돕는다는 것을 기억하라.

열정이란 친구가 앞에서 끌고, 진실이란 친구가 뒤에서 밀어 줄 것이다. 열정과 진실은 따로 움직이지 않는다. 진실이 있다면 열정은 저절로 따라 온다. S=P*T다.

04
자신감을 가져라

1960년 초, 지구에서 가장 높은 산, 높이 8,848m의 에베레스트 산을 정복하려다 실패한 청년들이 다시 한 번 도전하기 위해 뭉쳤다.

등정을 떠나기 전 심리학자들이 그들과 인터뷰를 했다.

심리학자가 청년들에게 물었다.

"당신들은 지난 등반 때는 실패했는데 이번에는 에베레스트산을 정복할 수 있다고 믿습니까?"

한 청년이 대답했다.

"그렇게 하고 싶습니다."

다른 청년이 대답했다

"한번 해보겠습니다."

그 옆에 짐 워드라는 청년이 말했다.

"나는 할 수 있습니다!"

1963년 5월 1일, 짐 워드는 친구들 네 명의 목숨을 눈 속에 묻고 홀로 에베레스트 산 정상에 성조기를 꽂았다. '나는 할 수 있다' 고 강한 자신감을 보였던 짐 워드만이 등반에 성공을 한 것이다.

스피치에서도 자신감은 굉장히 중요하다. 스피치 성공의 80% 이상이 자신감에 달려 있다고 해도 과언이 아니다.

모든 것은 마음에서 나온다는 말이 있다. 스피치 무대에 설 때에는 자기 자신을 믿어야 한다. '난 잘 할 수 있다' 라고 속으로 크게 외쳐보라. 말 잘하는 사람치고 자신감이 없는 사람은 없다.

권투선수들은 시합을 하기 전에 눈싸움을 한다. 이때 눈싸움에서 지면 경기에서도 진다는 말까지 있다.

자신감은 그만큼 선수기량에 상관없이 의외의 결과를 만든다. 취업면접에서도 중요하게 생각하는 것이 바로 자신감이다. 자신감이 말에 묻어 나오는 사람이 좋은 점수를 받을 수밖에 없다.

그렇다면 자신감은 어떻게 하면 생길까? '난 할 수 있다'고 스스로 믿기만 하면 자신감은 저절로 생긴다.

● ● "자심감 대통령 개그맨 고혜성"

개그콘서트 '현대생활백수'라는 코너로 사랑을 받은 개그맨 고혜성 씨는 그의 유행어처럼 '대한민국에서는 안 되는 게 없다'고 생각하며 사는 사람이다.

내가 그와 개인적인 친분을 갖게 된 지도 벌써 6년이란 시간이 지났다. 사실, 나 또한 고혜성 씨로부터 많은 자신감을 얻었다. 그의 말에는 늘 자신감이 녹아있다. 나의 레크리에이션 선생이면서 인생의 멘토이기도 한 그는 자신감 엑기스다.

그는 3층 높이에서 떨어져 평생 두 발로 걸을 수 없다는 의사의 말을 무시하고 새벽마다 절뚝거리며 걷기연습을 해 결국 정상적으로 잘 걸을 수 있게 되었다. 그는 자본도 없이 인터넷사업에 뛰어들어 큰돈도 벌었고, 어렸을 때 꿈인 개그맨에 도전해서 인기까지 얻었다.

그의 성공의 중심에는 항상 자신감이 함께 했다. 그는 지금도 자신감이 없는 우리들에게 말한다.

"대한민국에 안 되는 게 어딨니! 다 되지!"

● ● 히딩크 '나는 아직도 배가 고프다'

세계적인 축구감독 히딩크도 자신감 있는 스피치로 유명하다. 그의 자신감 있는 스피치 덕분에 대한민국이 2002년 월드컵 4강이라는 기적 같은 일을 해낼 수 있었다. 그 뒤에도 그가 대표팀 감독을 하는 나라들은 다 성적이 좋았다.

히딩크의 매직은 그가 하는 말에서 부터 시작된다.

2002년 월드컵을 앞두고 그가 했던 말을 다시 한 번 살펴보자.

◐ 2001년 2월, 두바이 4개국 대회 중

'외국 강팀에 열등감을 가져서는 안 된다. 한국은 어떤 팀과도 해 볼 수 있는 잠재력을 지녔다'

◐ 2001년 5월말, 컨페드컵에서 프랑스에 0-5로 대패한 뒤

'창피하지 않다. 좋은 경험이었다. 한국 선수들은 투쟁심을 더욱 길러야 한다.'

◐ 2002년 4월, 유럽 전지훈련을 마친 뒤 가진 'D-50일' 기자회견에서

'지금은 16강 진출 가능성이 절반이지만 하루에 1%씩 높여가겠다.'

◐ 2002년 5월 1일, 월드컵 개막을 한 달 앞두고 가진 기자회견에서

'세계를 놀라게 할 수 있다. 우리는 체력적, 전술적으로 최적의 팀이 돼 있을 것이다.'

◐ 2002년 6월 15일, 16강에 오른 후 이탈리아 전을 앞두고

'나는 아직도 배가 고프다'

◐ 2001년 12월, 민주당보와의 인터뷰에서

'한국이 전혀 가능성이 없는 나라였다면 처음부터 감독직을 수락하지 않았을 것이다.'

◐ 2002년 5월 14일, 잉글랜드, 프랑스 등과 평가전을 앞두고 질 경우 선수들의 사기 저하가 우려된다는 일부의 시각을 일축하며

'우리 선수들은 절대 패배에 위축되지 않는다. 패배에 굴하지 않는 그들의 정신력을 알고 있기에 평가전 상대로 강팀들을 택할 수 있었다.'

●● 무하마드 알리, '나는 복싱보다 더 위대하다'

복싱 역사상 가장 위대한 챔피언으로 불리는 무하마드 알리도 스피치 대통령이다. 프로 통산 전적은 56승(37KO)5패. 알리가 이러한 대기록을 만들 수 있었던 것은 권투 실력만이 아니었다. 자신감 있는 말 덕분이었다. 알리는 링뿐 아니라 링 밖에서 말로 더 많이 싸웠는데, 그의 말에는 늘 자신감이 흘러 넘쳤다.

알리는 소니 리스튼과 첫 번째 타이틀 도전을 앞두고 '나비처럼 날아 벌처럼 쏘겠다'는 유명한 말을 남기기도 했다. 그는 1963년 자신의 PR을 위해 직접 제작한 앨범의 한 구절에도 '나는 위대하다(I am The Greatest)'라고 쓰기도 했다. 그는 심지어 숙적 조지 포먼과의 대결을 앞두고서도 '나는 복싱보다 더 위대하다'고도 말했다.

그는 링에 오르기 전에 이렇게 시끄럽게 떠벌리는 것은 '미지의 상대에 대한 공포심 때문이었다'고 말했다. 공포심 때문에 내뱉기 시작한 자신감 있는 그의 말은 그에게 언제나 좋은 결과를 남겨 주었다.

> 위대한 챔피언이 되려면 자신이 최고라고 믿을 수 있어야 한다.
> 만일 그렇게 믿어지지 않는다면 자신이 있는 척이라도 해라.
>
> – 무하마드 알리

무하마드 알리

　고혜성, 히딩크, 알리의 자신감이 당신에게도 존재한다. 단지, 당신은 이 사실을 믿기만 하면 된다.

05
친근함을 가져라

　새로운 사람이나 물건을 처음 만나게 되면 좋은지 싫은지 첫인상을 갖게 된다.
　우리가 갖고 있는 가장 큰 선입견 중 하나가 바로 첫인상이다. 어떤 사람을 보면 왠지 믿음이 안 갈 거 같고, 어떤 사람을 보면 왠지 화를 잘 낼 거 같다는 느낌이 든다. 첫인상에서 이런 느낌을 주는 사람은 스피치에 별 도움이 되지 않는다. 반대로 편안함과 친근함을 주는 첫 인상이라면 스피치에 천군만마를 얻은 것만큼 든든하다.
　친근함, 편안함은 상대방에게 부담을 주지 않기 때문에 누구나 당신의 스피치를 편안하게 들을 수 있다.
　친근함이란 잘 생기거나 예쁜 거와는 전혀 다른 매력이다. 처음에는 싫었는데 보면 볼수록 좋아지는 사람이 있다. 이는 상대방에게 익숙해져서 친근함이 생긴 것이다. 이처럼 친근함이 부족한 외모를 가진 사람들은 상대를 자주 만나면 된다.

처음 만나는 사람에게 친근감을 주고 싶다면 이웃을 사랑하는 마음과 세상을 넓게 보는 안목이 있어야 한다. 그래야만이 자연스럽게 미소 띤 입과 부드러운 눈빛을 가질 수 있게 된다. 또한 그렇게 되면 사람들이 당신에게 친근함을 느끼고 당신의 스피치를 사랑하게 된다.

나는 예전에 소설가 이외수 씨를 만난 적이 있다. 나와는 30살 이상 차이가 나고, 사회적인 명성이 있는 분이라서 부담을 갖고 만났다. 그런데 막상 만나보니 이외수 씨는 정말 친구 같았다. 마음이 편안하고 부담이 없었다. 내가 알던 60대 어른들과는 너무나 달랐다. 덕분에 즐거운 얘기를 많이 나누었다.

3살 차이만 나도 세대 차이를 느끼는 요즘 너무나 색다른 경험이었다. 어쩌면 이런 면에서 난 그를 기인으로 느꼈는지도 모르겠다.

● ● 전국노래자랑의 장수비결은 송해

친근함으로 성공한 스피치 대통령을 만나보자. 1980년 시작된 KBS 〈전국노래자랑〉은 이제 우리 지상파 방송 프로그램 중 가장 오래된 프로그램이며 여전히 시청자의 큰 사랑을 받고 있는 프로그램이다.

송해

지금까지 〈전국노래자랑〉이 존재할 수 있었고, 전 국민의 사랑을 받는 프로그램으로 자리 잡을 수 있었던 것은 바로 82세라는 나이가 도저히 믿기지 않는 최고령 MC 송해 씨가 있었기에 가능했다는 것이 방송가 안팎의 한결같은 지적이다.

"송해 씨 없는 〈전국노래자랑〉은 상상도 못한다."는 이 말은 과언이 아니다. 남녀노소를 끌어당기고 〈전국노래자랑〉을 있게 한 절대 노력의 근간은 송해 씨의 친근함과 편안함을 드러내는 진행이다.

이러한 진행 스타일은 철저한 노력의 산물이다. 그는 촬영 전 녹화장소에 내려가 시장을 돌아보고, 사람들의 성향을 파악했다. 목욕탕을 찾아 덕담을 나누고, 무슨 일이 있어도 방송을 앞두고 출연자들과 같이 도시락을 나눠먹었다. 이러한 부담감을 덜어주려는 배려와 노력이 있었기에 방송에 처음 나오는 일반인들이 부담 없이 그에게 뽀뽀하고, 껴안고 모자를 씌우고, 음식을 먹여주곤 하는 것이다.

● ● 연예인 아닌 사람 김용만

친근함을 무기로 한 MC 한 명 더 만나보자. MC 1순위 캐스팅 후보라고 한다면 당연히 강호동과 유재석이지만 김용만 역시 빼놓을 수 없는 특급 MC중 하나다. 그가 지난 10여 년 동안 MBC에서 터뜨린 대박 프로그램만 해도 10여 개를 육박할 정도니 방송사가 감히 무시할 수 없는 MC임은 분명한 사실이다.

연예계에서도 인간성 좋다고 소문난 김용만이 MC로 성장할 수 있었던 가장 큰 이유는 특유의 '친근함과 편안함'에 있다. 호빵맨이라는 그의 별명처럼 그는 옆집 아저씨 같은 느낌을 준다.

그가 〈칭찬합시다〉〈첫차를 타는 사람들〉에 이어 〈책책책, 책을 읽읍시다!〉에서 큰 인기를 끌었던 것도 그가 일반인들에게 연예인답지 않은 편안함과 친근함으로 다가갔기 때문이다.

그는 어렵게 개그맨이 되었지만 친한 친구 김국진의 활약에 가려 무명시절을 거쳤다. 그는 그때부터 인내와 겸손을 배웠고, 결국 친근함과 편안함으로 꽃을 활짝 피웠다.

김용만은 진행하던 프로그램이 완전히 끝나고 헤어질 때도 "그 동안 수고했어."라고 한마디 던지는 일반 MC와는 달리 십여 명이 넘는 제작진 한 명 한 명을 다 안아준다. 그리고 "그 동안 정말 수고했어. 다음에 좋은 프로그램에서 또 만나자"란 인사를 빼놓지 않는다. 그 때문에 스텝들은 그를 '연예인 김용만'이 아닌 '사람 김용만'으로 기억하고 친근함을 느낄 수밖에 없다.

이처럼 오랫동안 장수하는 두 MC의 성공비결은 친근함이다. 친근함을 가져라. 그러면 스피치뿐만 아니라 친구도 늘어날 것이다.

06
콤플렉스를 사랑하라

　사람은 누구나 한 가지 이상의 콤플렉스가 있다. 우리가 외모적으로 완벽하다고 생각하는 영화배우나 모델들도 성형하고 싶어 하는 곳이 있다. 돈이 많아 행복할 것 같은 부자들도 우울증에 걸려 심지어는 자살까지도 한다. 이런 사람들도 그러한데 보통사람들이야 오죽하겠는가?

　콤플렉스를 갖게 하는 건 숱하게 많이 있다. 일단 외적인 것이 가장 크다. 눈이 작다던가, 키가 작다던가, 뚱뚱하다던가, 얼굴이 크다던가, 사각턱이라던가, 머리숱이 없다던가 등등, 너무나 많다. 반대로 얼굴이 너무 이뻐서, 너무 잘 생겨서 고민인 사람은 맞기 전에 다음 페이지로 그냥 넘어가라. ㅋㅋ

　너무 가난해서 콤플렉스를 가진 사람도 있다. 이러한 사람들은 가난이 자신감

결여로 이어져 스피치에 방해가 되기도 한다. 또 '많이 못 배웠는데 어떻게 내가 남 앞에 서서 말을 하냐?'라는 학벌이 콤플렉스인 분도 있다.

결론부터 말하자면 콤플렉스가 있어서 말을 못한다는 것은 비겁한 변명밖에 안 된다는 것이다.

우리가 남 앞에 서서 말을 할 때 청중들에게 내가 얼마나 잘 사는지 재산을 공개해야 하는 것이 아니다. 어느 학교를 나왔는지 졸업증명서를 떼서 돌리는 것도 아니다.

외모가 자신이 없다면 좋은 성형외과에 가서 고치던가 아니면 그냥 그러한 자신의 모습을 사랑하면 된다. 외모는 당신이 불평을 아무리 해도 바뀌지 않는다. 오히려 불평하다보면 성격까지 못 생겨질 수도 있다.

● ● 나 감성은 김제동보다 더 눈이 적다

나 감성은 키가 170m쯤 된다. 요즘 남자 키 치고는 작은 키다. 하지만 난 키 때문에 고민하지 않았다. 왜냐면 단추구멍 같은 눈 때문이다.

내 눈은 김제동보다도 작은 것 같다. 라식 수술을 하려고 안과에 갔는데 눈이 너무 작아 라식은 힘들고, 라섹으로 해도 '잘 하면' 할 수 있다고 했다. 나는 그 때 '잘 하면'이란 의사의 얘기 때문에 불안해서 안 했다.

하루는 렌즈를 끼고 싶어 안경점에 갔다. 안경점 선생님은 내게 소프트렌즈는 처음부터 권하지도 않고 하드렌즈를 끼라고 했다. 아시는 분은 다 아시지만 하드렌즈가 소프트렌즈보다 좀 더 작다.

그날, 안경점 선생님이 내 눈에 렌즈를 끼우다가 도저히 안 되겠는지 옆에 계신 분의 도움까지 받아 간신히 끼웠다. 그때 눈도 너무 아팠지만 렌즈를 낄 때마다 늘 두 사람이 도와줘야 한다는 사실이 슬퍼서 결국 렌즈도 포기하고 안경을 계속 쓰기로 마음먹었다.

나 감성은 학창시절부터 눈이 콤플렉스였다. 너무나 작은 눈 때문에 남 앞에서 말도 잘 못하고, 사랑하는 여자에게 사랑고백도 못하는 바보였다. 눈에 대해 스트레스를 받으면 받을수록 사는 것도 싫어지고 내 자신마저 싫어지기 시작했다. 하지만 어느 정도 세월이 흐른 뒤부터 이렇게 살면 안 되겠다 싶어서 내 자신을 사랑하기로 했다.

있는 그대로를 받아들이자. 나는 그때부터 눈을 제외한 다른 내 장점들을 살리기로 마음먹었다. 그러자 인생이 바뀌기 시작했다.

나 감성은 학창시절이나 지금이나 눈 크기에는 1mm의 변화도 없다. 하지만 눈을 바라보는 내 마음이 바뀌자 개그맨이 되었다. 사랑하는 여성에게 당당히 사랑고백도 할 수 있게 되었다. 물론 그 결과도 좋았다.

지금에서야 알게 된 것이지만 여자들은 눈 작은 남자보다 자신감 없는 남자를 더 싫어한다. 콤플렉스를 극복해서 최고의 스피치를 하는 분을 더 만나보자.

●● 뚱뚱보 아줌마 오프라 윈프리

그녀는 엄마와 아빠가 한순간에 실수로 만든 아기였다. 때문에 태어날 때부터 미혼모의 딸이라는 레벨을 달고 살아야만 했다. 그녀는 그 당시 아주 천대받는 흑인이었다. 게다가 그녀는 미시시피 빈민촌 출신이기도 했다. 그녀는 청소년기에 성폭행을 당해 임신을 하게 되고, 출산까지 하지만 아이가 얼마 살지 못하고 죽었다. 여기에 그녀는 몸매마저 뚱뚱보에 얼굴마저 예쁘지도 않다.

이쯤 하면 나 감성이 말하고자 하는 사람이 누군지 어느 정도 눈치 챘으리라 믿는다. 그녀는 바로 세계적인 토크쇼 MC 오프라 윈프리다.

오프라 윈프리. 그녀의 이름 뒤에는 토크쇼 진행자, 교육가, 자선사업가, 영화인, 출판인, 기업인, 사회지도자 등 수많은 수식어들이 따라붙는다. 그녀는 유엔이 주는 '올해의 세계 지도자상'을 수상했고, '세계 영향력 있는 100대 인물'에도 선정됐다. 그녀의 연간 수익도 2억6,000만 달러(약 2,300억 원)에 달한다고 전해지고 있다.

오프라 그녀는 많은 콤플렉스가 있었지만 그것을 잘 극복했다. 오히려 가슴 아픈 경험과 열악한 배경이 있었기에 사회문제를 자신의 문제로 끌어안을 수 있

오프라 윈프리

었다. 또한 그로 인해 더 많은 사랑을 받을 수 있었다. 이처럼 때론 콤플렉스는 나를 강하게 하는 트레이너가 되기도 한다.

●● 갈라지는 목소리의 네모 아줌마 박경림

콤플렉스 있는 사람이 성공하는 일을 외국에서나 일어나는 일이라고 생각하지 마라. 우리나라에도 있다. 네모 소녀에서 얼마 전 시집을 가면서 네모 아줌마가 되어버린 박경림. 그녀도 콤플렉스 극복의 살아있는 증인이다. 박경림을 옆에서 지켜본 가수 이문세의 말을 들어보자.

난 경림이가 이렇게 잘 될 줄 몰랐다. 그러다가 말려니 그렇게 생각했었다. 스타가 되기 위한 필요충분조건을 갖춘 부분이…… 단 한 군데도 없었다. 부족하다 못해 방해되는 게 너무 많지 않았던가!!

몸매나 키도 그렇고, 사각턱에 목소리 하며…… 있는 대로 불리한 조건만 갖춘 그녀. 다른 사람 같았으면 집안의 도움으로 이 모든 어려움을 극복할 수도 있겠지만 경림이는 그렇지도 못했다. 집은 더 어려웠다. 그랬던 그녀가 이제는 대한민국의 오프라 윈프리가 되어 있다.

- 박경림의 '사람' 중에서

박경림의 많은 콤플렉스 중에서 특히 갈라지는 목소리는 스피치에 치명적인 것이다. 그녀는 이것까지도 훌륭하게 극복했다. 현재 그녀는 각종 오락프로MC, 라디오DJ, CF모델로 활약하고 있다. 그녀의 진행하는 모습을 보면 사람들을 사랑한다는 느낌을 많이 받는다. 어렸을 때 했던 고생이 그대로 겸손과 배려로 나타난 것이다. 이러한 점에서 박경림과 오프라는 많은 면에서 닮아있다. 콤플렉스는 아무것도 아니다.

| 오프라 윈프리 10계명

1. 남들의 호감을 얻으려 애쓰지 말라.

2. 앞으로 나아가기 위해 외적인 것에 의존하지 말라

3. 일과 삶이 최대한 조화를 이루도록 노력하라.

4. 주변에 험담하는 사람들을 멀리하라.

5. 다른 사람들에게 친절하라.

6. 중독된 것들을 끊어라.

7. 당신에 버금가는 혹은 당신보다 나은 사람들로 주위를 채워라.

8. 돈 때문에 하는 일이 아니라면 돈 생각은 아예 잊어라.

9. 당신의 권한을 다른 사람에게 넘겨주지 말라.

10. 포기하지 말라.

07
잘 할 때까지 연습하라

이번 장에서는 나 감성이 당연한 소리를 좀 해야 할 것 같다. 스피치를 잘하고 싶다면 연습을 많이 해라. 누구나 다 알면서 안하는 것 중에 하나가 바로 연습이다. 홈런왕 이승엽은 말했다. '진정한 노력은 결코 배반하지 않는다.'라고. 살다보면 친구도 애인도 자신을 배반할 때가 더러 있지만 진정한 노력만큼은 결코 배반하지 않는다.

세계적인 축구스타 데이비드 베컴이 유소년 클럽에서 뛸 때 클럽의 경영자가 그를 불러 축구공 리프팅을 해보라고 시켰다. 하지만 그는 5회도 넘기지 못했다. 클럽경영자는 "축구의 가장 기본적인 기술도 익히지 못했는데 어떻게 세계적인 선수가 되겠냐?"며 크게 실망했다.

어린 베컴은 의기소침해서 돌아갔다. 두 달 뒤 베컴은 클럽의 경영자를 찾아갔다. 그리고 2천회가 넘는 리프팅을 보여주었다. 그때 베컴은 여덟 살이었다. 이처럼 그의 빠르고 정확한 프리킥도 하늘이 준 선물이 아니라 노력에 의해 만들어진 것이다.

스피치에서도 마찬가지다. 당신이 연습한 만큼 좋은 결과가 있게 마련이다. 연습도 대충하지 말고 실전처럼 연습을 해야 한다. 그날 입을 옷도 실전에 임하는 것처럼 입고, 마이크를 사용하는 상황이면 마이크로 진행순서 하나하나를 그대로 연습하라. 이렇게 연습을 해야 스피치 하는 날 당황하지 않게 된다.

연습을 할 때에는 거울로 본인이 스피치 하는 모습을 바라보면서 어색한 부분을 고쳐라. 가까운 가족이나 친구들에게 스스로 스피치 하는 모습을 모니터 해 달라고 하는 것도 좋다. 그게 힘들다면 녹음기로 말의 속도, 억양, 크기를 점검하라. 여유가 된다면 캠코더로 직접 찍어 본인을 모니터 해라.

나 감성도 초창기에 행사하던 모습을 캠코더로 찍어서 본 적이 있었는데, 깜짝 놀랐다. 나는 전혀 모르고 있었는데, 내가 말하면서 왼쪽 팔을 계속 흔드는 것이 아닌가. 그 순간 너무 창피했지만 캠코더 덕분에 나쁜 습관을 고칠 수 있었다. 여기서 피나는 연습으로 스피치대통령이 된 사람들을 만나보자.

● ● 강아지, 새, 금붕어와 이야기한 래리 킹

네모 난 뿔테 안경, 멜빵, 걷어 올린 와이셔츠 소매 하면 떠오르는 사람이 바로 래리 킹이다. 래리 킹(73)은 CNN의 라이브 토크쇼 〈래리 킹 라이브〉를 진행한다. 이 토크쇼는 게스트 인터뷰와 토론, 시청자 전화통화로 구성된다.

그가 방송을 한 지도 벌써 50년이 넘었다. 래리는 지난 50년 동안 세계적 정치인, 기업인, 학자 등 무려 4만 명을 인터뷰했다. 토니블레어, 마거릿 대처, 빌 클린턴, 블라디미르 푸틴, 말론 브랜도, 미하일 고르바초프, 마돈나, 마틴 루터 킹 목사 등 일일이 셀 수도 없다.

그가 이렇게 될 수 있었던 가장 큰 이유는 무엇일까? 그는 말할 수 있는 모든 기회를 잡았다. 새벽방송, 일기예보, 스포츠 리포터, 뉴스앵커에 때로는 강연까지 밤낮을 가리지 않고 자청해 일을 맡았다.

그는 말을 잘하기 위해 피나는 연습을 했다. 연습방법은 방 안이나 자동차 안에서 소리 내어 말했고, 거울 앞에 서서 동작을 곁들여 연습했다. 어떤 때는 집에 있는 강아지나 고양이, 새나 금붕어와 같은 애완동물을 상대로 말하는 연습을 하기도 했다.

래리 킹

● ● 대한민국 연습벌레 리포터 조영구

우리나라에도 연습벌레가 있다. 선배님에게 벌레라고 해서 죄송하지만 대한민국 연예가 소식을 가장 많이 알고 있는 최고의 리포터 조영구 씨다.

리포터는 말을 빠르고 조리 있게 잘해야 하는 직업이다. 조영구씨는 리포터가 되기 위해서 수많은 연습을 했다. 큰소리로 또박또박 길거리 간판 읽기, 신문 큰소리로 읽기, 심지어는 사람 많은 거리를 지나갈 때 혼자서 중얼중얼 사물과 현상을 묘사하는 멘트를 만들어 연습하기도 했다.

"지금 아저씨 한 분이 지나가고 있습니다. 회색 셔츠에 검은바지를 입고 있습니다. 말씀드리는 순간 그 옆으로 우산을 손에 든 아가씨 한 명이 지나갑니다. 빵집 앞에서는 여학생 두 명이 누군가를 기다리고 있습니다. 꽃집에는 빨간 꽃과 노란 꽃이 있습니다."

그는 공개방송이 있는 프로그램에 일부러 자청해서 찾아가 방청객들을 웃기고 방청객들을 상대로 이야기 연습을 했다. 사회를 볼 수 있는 곳이라면 돈이 적던 많던 경험을 위해 어디든 달려갔다.

그는 김병찬 아나운서 방송을 모니터 하면서 그의 멘트 하나부터 억양까지 모조리 따라 하며 연습했다. 이렇게 피나는 노력의 결과 오늘의 조영구가 된 것이다.

조영구 씨처럼 본인이 닮고 싶은 모델의 스피치를 흉내 내는 것도 큰 도움이 된다. 하지만 스피치실력이 일정수준 이상 올라오면 자신만의 색깔을 가져야 한다.

화술은 학습이다. 먼저 기본요령을 배운 뒤 연습하고 또 연습해야 한다. 피나는 연습 없이는 숙달도 없다. 에디슨이 했던 말 '천재는 1%의 영감과 99%의 노력으로 이루어진다.'는 그 말을 결코 잊지 말라.

08
실패와 실수를 두려워하지 마라

말을 너무 잘 하려고 신경을 너무 쓰다 보면 오히려 실수해서 스피치에 실패할 때가 더러 있다.

나 감성 또한 처음 행사에 나섰을 때 너무 떨리고 당황스러워 그 행사를 망친 적도 있었다. 하지만 실패했다고 해서 스스로를 비하하지 마라. 실패하지 않는 사람은 아무도 없다.

스피치에서 실수와 실패는 우리가 어렸을 때 이불에 오줌 싸는 것처럼 자연스러운 일이다. 실패하지 않고 말을 잘하려는 사람은 한 번도 넘어지지 않고 자전거타기를 배우려는 것과 같다.

실수는 스피치 향상에 도움이 된다. 가벼운 실수는 오히려 사람들에게 웃음을 주게 되므로 당신에 대한 친근감을 높여준다. 하지만 실수가 필요한 진짜 이유는 실수가 쌓여야 경험이 되고, 경험이 쌓여야 좋은 스피치를 할 수 있기 때문이다.

말을 잘하는 사람은 완벽주의자보다 실수를 많이 하는 사람이 더 많다. 최고의 스피치 대통령은 태어나자마자 되는 것이 아니다. 최고들에게도 올챙이 시절이 있었다는 것을 잊지 말자.

●● 실수투성이 국민MC 유재석

대한민국 국민MC 유재석도 10년 전에는 실수투성이였다. 유재석은 생방송으로 진행하는 〈KBS연예가 중계〉 리포터로 활동했었다. 하지만 그때의 유재석은 지금의 노련한 진행 솜씨는 온 데 간 데 없고, 실수 연발에 진땀을 빼는 풋내기에 불과했다.

그때 유재석은 첫 번째 소식과 두 번째 소식을 섞어서 전하는 실수까지 했다. 그야말로 소식을 리믹스해서 전달했다. 특히 '문화관광부'를 '문화공보부'라고 발음해 당시 진행자였던 임백천 씨에게 지적을 받기도 했다.

하지만 그는 그날의 실패를 거울삼아 대한민국 최고 국민MC가 되었다. 누구에게나 올챙이 시절이 있다. 열심히 노력하다 보면 뒷다리도 나오고 앞다리도 나오며 많은 변화를 겪게 된다. 그러다 보면 어느 순간에 개구리가 되어있을 것이다.

실수, 하면 또 떠오르는 사람이 있다. 호랑나비 김흥국 씨다. 그는 '김흥국 어록'이 나올 정도로 정말 많은 실수를 저지른 분이지만 지금도 당당히 라디오DJ 뿐 아니라 각종 오락프로그램 섭외 1순위다.

이처럼 실수를 많이 하면 사람들이 싫어할 것 같지만 전혀 그렇지 않다. 오히려 인간적으로 더 좋아하게 된다. 그렇다고 일부러 실수를 할 필요는 없다. 호랑나비 김흥국의 실수어록을 모아 봤다.

●● 김흥국 '실수어록' 훔쳐보기

● 박미선과 진행하는 라디오에서 노래소개

– 박미선 : 터보 노래죠.

– 김흥국 : 으아… 터보의 씨버러버(Cyber lover) 들어요!!

– '서이버러버를 씨버러버'로 실수

● 선곡된 신청곡을 전하며

– 김흥국 : 네, 이번에 들으실 곡은요. '털 없는 아내'. 노래 제목 이 뭐 이래~ 으아~

– '철없는 아내'를 '털 없는 아내'로 실수

● 거미의 '친구라도 될 걸 그랬어' 라는 노래를 요청받고

– 김흥국 : 네, 노래 보내드립니다. '친구'의 '거미라도 될 걸 그
랬어'. 으아~   – 가수 이름 착각

● 라디오에서 마돈나가 UCLA대학에서 강의했다는 내용 읽으며

– 김흥국 : 으아~마돈나가 우크라 대학에서 강의…   – 영어읽기 실수

● 라디오에서 어렵게 인간문화재를 게스트로 섭외했을 때

– 박미선 : 네. 정말 나와 주셔서 너무너무 감사 드리구요. 얘기를
나누다 보니 시간 가는 줄 모르겠네요. 너무 멋있으세요.

– 김흥국 : 아~ 이거 진짜 재미있으시고 멋있으신데…
시간이 아깝네요!   – 말 실수

● 박미선과 라디오 진행 중 애청자와 전화통화하다가

– 김흥국 : 남편 분은 뭐하세요? (특유의 말투)

– 주 부 : 2년 전에 사별했어요.

– 박미선 : 저런…(안타까워하며)

– 김흥국 : 아… 그랬군요… 성격차이 때문에?   – 사별을 이별로 착각

● 라디오 진행 중 실수

- 네덜란드에는 손가락 하나로 나라를 지킨 소년이 있었죠! 우리 나라에도 그런 소년이 있죠. 이승만 어린이. 으아~

  - 이승복 어린이를 이승만으로 착각

● 라디오 오프닝 실수

- 오늘은 6월 6일 광복절입니다 - 현충일을 광복절로 착각

김흥국 씨는 이렇게 많은 실수를 해도 여전히 수많은 사람들로부터 큰 사랑을 받고 있다. 오히려 이러한 실수들이 지금은 김흥국 씨의 매력이 되어 버렸다.

실수를 자연스럽게 받아들여라. 실패도 자연스럽게 받아들여라. 다음번엔 더 잘하겠다고 마음먹고 노력해라. 실패한 사람보다 더 불쌍한 사람은 따로 있다. 바로 실패가 두려워서 말할 기회를 놓쳐버린 사람이다.

실수와 실패가 많을수록 성공도 가까이에 있다는 것을 항상 기억하라.

09
웃으며 말하라

중국 속담에 '웃음이 없는 사람은 장사도 하지마라'란 말이 있는가 하면 '웃음은 최고의 마케팅이다'란 이야기도 있다.

이처럼 웃음은 전염되는 것이기 때문에 판매하는 사람이 웃게 되면 사는 사람도 웃는다. 웃으면 기분이 좋아지고 당연히 물건을 구매할 확률이 더 높아지게 된다. 영업을 잘하는 세일즈맨 대부분은 잘 웃는 사람이라는 것을 새겨두자.

중국뿐만 아니라 전 세계 곳곳에 웃음과 관련된 속담이 참 많다. 우리나라에도 '웃으면 복이 온다', '웃는 얼굴에 침 못 뱉는다'란 속담이 있다. 잘 웃는 사람은 세계 어디를 가더라도 호감도가 좋다.

당신이 좋아하는 친구는 당신의 얘기에 잘 웃어주는 친구이거나 당신을 잘 웃겨주는 친구일 것이다.

사람들은 누구나 웃음을 좋아하고 사랑한다. 잘 웃는 사람은 주변사람들이 좋아할 수밖에 없다.

● ● 나 감성의 깔깔이 엿보기

웃음은 사람의 기분을 좋아지게 한다. MBC코메디 프로 〈개그야〉에서 나 감성은 개그맨 조원석, 최국과 함께 '깔깔이'란 코너를 했다. 안 좋은 일이 있어도 늘 웃고 살자는 컨셉을 가진 코너였다.

- 감성 : 나 어제 생일이었는데 집에 가는 길에 깡패가 나타나더니
  나를 막 죽도록 패는 거야. 하하하
- 원석 : 깡패한테 맞고 뭐가 좋다고 웃어?
- 감성 : 나 생일 빵 좋아하잖아… 하하하

  – MBC개그야 '깔깔이' 중에서

'깔깔이'는 여러 에피소드를 들어가면서 3분 동안 미친 듯이 웃는 코너였는데, 그렇게 웃고 나면 정말 기분이 좋아졌다. 나중에 안 사실이지만 억지로 웃어

MBC 개그야 '깔깔이'　　　　　조원석(좌), 최국(중앙), 갑성(우)

도 실제로 웃는 것의 90% 정도 효과가 있다고 한다.

무조건 웃어라. 웃는 것은 스피치에 큰 도움이 된다. 웃는다는 것은 남에게 여유 있어 보이고, 실제 긴장해소에도 아주 좋다.

웃음은 전염된다. 우리가 오락프로를 보면 웃기는 부분에 가짜 웃음소리가 나온다. 그러면 자연스럽게 나도 그 부분에서 웃게 된다. 이게 바로 웃음의 전염성이다. 당신이 웃으면 청중들도 웃게 되며, 즐거운 마음으로 당신의 스피치에 집중하게 된다.

웃음을 당신 스피치의 강력한 무기로 만들어라. 웃음을 강력한 스피치 무기로 만들어 웃음스피치를 하는 분이 있다.

● ● 황수관의 웃음은 전염된다

웃음 하면 떠오르는 분이 바로 신바람 박사 '황수관' 박사다. 스스로 스마일

박사라고 칭하는 황수관 박사의 입가에는 미소가 떠나지 않는다. 행복 가득한 그의 미소는 상대방에게 즐거움과 편안함을 준다.

황 박사님의 이러한 웃음 스피치 때문에 대한민국에 황수관 신드롬이 일었다. 황수관 박사는 1997년 '신바람 건강강의'가 온 국민에게 알려지면서 유명세를 타기 시작했다. 황 박사는 그때부터 '호기심 천국'의 호기심 박사로 활동하는가 하면 많은 CF에 출연해 CF 스타로도 명성을 날렸다.

황 박사는 베스트셀러가 된 『신바람 건강법』 외에도 10여 권이 넘는 책을 펴냈다. 황 박사는 연세대학교 의과대학 교수로 재직하면서 지금도 운동 및 건강에 관한 100여 편 이상의 논문을 발표하는 등 많은 이들이 신바람 나는 삶을 살 수 있도록 많은 노력을 기울이고 있다.

웃음으로 너무나 많은 일을 이룬 분, 황수관 박사의 웃음은 엄청난 전염성이 있다. 박사의 강의를 들으면 그냥 웃음이 나온다. 그냥 즐겁다. 황 박사는 요즈음 교회 강의 및 건강세미나에 많이 참석한다. 웃으려는 노력이 박사의 인생을 바꾸어 놓은 것이다. 하지만 박사의 트레이드마크인 백만 불짜리 미소가 하루아침에 만들어진 것은 아니다. 황 박사는 처음부터 잘 웃는 사람이 아니었다. 왜 웃게 되었는지 박사의 얘기를 직접 들어보자.

"예전에 한번은 교수들하고 차를 타고 세미나를 다녀왔는데 앞에서 검문을 하는 거예요. 경찰이 차 안을 휙 보더니 저한테만 신분증을 보여 달라는 겁니다. 제가 그만큼 얼굴이 험악하게 생겼어요. 그런데 저는 예수님을 만나서 이렇게 웃게 됐어요. 어느 날 성경을 보다가 깜짝 놀랐어요. 성경에 '항상 기뻐하라 이것이 하나님의 뜻이니라'는 말씀을 봤습니다. 우는 것이 하나님 뜻이 아니라 웃는 것이 하나님 뜻이구나, 하나님 뜻을 이루기 위해 기뻐해야지, 기뻐하려면 얼굴 표정이 바뀌어야 하잖아요. 그래서 거울을 보고 웃는 연습을 했습니다. 그런데 습관이란 게 무섭습디다. 웃다보니까 사람을 보면 웃으면서 이야기를 하게 되는 거예요. 경직된 표정이 풀리면서 웃음이 생기고 그 웃음이 오늘의 저를 만들었습니다. 그렇게 항상 기뻐하라는 말씀이 제 인생을 변화시켰습니다."

●● '잘 웃는 목사' 조엘 오스틴

웃음, 하면 생각나는 사람이 한 분 더 있다. 미국 차세대 리더로 급부상하고 있는 조엘 오스틴 목사다. 우리에게는 세계적인 베스트셀러 『긍정의 힘』 저자로 더 알려져 있다. 그 책의 표지에도 그의 웃는 사진이 들어있다.

너무 잘 웃어서 '웃는 목사'라는 별명으로 유명한 조엘 오스틴은 현재 미국에

조엘 오스틴

서 가장 영향력 있는 목사이며 최고의 인기를 누리고 있다. 젊고 활기차고 열정적인 그는 기독교계의 새로운 얼굴이다.

현재 매주 3만명 이상이 찾아오는 레이크우드 교회는 미국에서 가장 크고 가장 빨리 성장하는 교회다. 미국 전역에서 방송을 타는 조엘 목사의 텔레비전 프로그램은 미국 안방의 95%와 전 세계 150개국을 찾아가고 있다. 이 때문에 그 프로그램은 '미국에서 가장 영향력 높은 방송'으로 선정됐다.

그가 이렇게 빨리 많은 일들을 이룬 것은 웃음설교 덕분이다. 그는 설교하기 전에 항상 재미있는 조크를 하나 한다. 그렇게 사람들에게 웃음을 주고, 계속해서 미소 띤 얼굴로 1시간 동안 즐겁고 열정적인 설교를 한다. 그의 미소의 원동력은 그의 책 제목처럼 〈긍정의 힘〉이다.

그는 긍정적인 사고방식으로 살다 보니 자연스럽게 미소가 얼굴에 배었다. 그러한 그의 미소를 보는 사람들은 늘 기쁘고 행복했다. 그 결과 조엘 목사는 교회를 빨리 부흥시킬 수 있었다.

오버해서 웃지 않아도, 가벼운 미소만으로도 충분히 상대방을 기분 좋게 만들 수 있다. 지금 당장 거울을 보며 웃는 연습을 하자.

황수관 박사의 일주일 동안 웃기

- 월요일은 원래 웃는 날
- 화요일은 화사하게 웃는 날
- 수요일은 수수하게 웃는 날
- 목요일은 목숨 걸고 웃는 날
- 금요일은 금방 웃고 또 웃는 날
- 토요일은 토실토실하게 웃는 날
- 일요일은 일어나자마자 웃는 날

10
쉬운 언어를 사용하라

스피치를 하다가 낭패를 보는 가장 큰 이유 중 하나는 자기가 평상시에 잘 쓰지 않는 어려운 말을 할 때이다.

외국에 가서 흔히 경험하는 일 중 하나가 먹던 물이 바뀌어 설사가 나고 속이 불편한 경우다. 우리 몸은 그만큼 민감하다.

이는 스피치에서도 마찬가지다. 스피치에서도 자신이 평상시에 쓰던 말을 쓰지 않게 되면 갑자기 생각이 나지 않거나 말하다가 틀리기도 하는 등 많은 부작용이 생긴다. 힘들게 외워 실수 없이 스피치를 겨우 다했다 하더라도 사람들은 별로 좋아하지 않는다.

당신이 유식한 얘기를 2시간 동안 초지일관으로 쏟아 붓는다면 청중들은 아마 러시아말을 듣는 것과 같은 기분이 들 것이다. 물론 전문적인 지식을 요하는 용어라던가 어려운 사자성어 한두 번 나오는 것쯤은 괜찮다.

나 감성이가 말하고자 하는 것은 전체적인 언어표현 스타일이다. 부모님께 그냥 "건강하십니까?" 하고 물어보면 되는 것을 "기체후 일양만강하십니까?" 이런 식으로 말하면 얼마나 부담스러운가?, 그냥 '자신감'이라고 하면 되는 것을 굳이 영어를 써서 '컨피던스'로 할 필요가 있겠는가.

스피치 하는 자리는 잘난 척하기 대회가 아니다. 수많은 사람에게 본인의 얘기를 정확하게 전달하는 것이다. 어려운 말을 자꾸 쓰기 시작하면 청중은 이내 그 스피치에 흥미를 잃어간다.

예를 들어 나 감성이가 "회사가 잘 돌아가려면 채권액이 채무액보다 많아야 합니다."라고 말하면 무슨 소리인지 잘 모르는 분들도 많다. 하지만 "회사가 잘 돌아가려면 받을 돈이 줄 돈보다 많아야 합니다." 하고 말하면 누구나 쉽게 이해가 갈 것이다.

나 감성이가 고2 때 있었던 실제 이야기다. 그때 학교 영어선생님께서는 칠판에 필기를 하면서 영어를 필기체로 적어 가르쳤다. 나 감성이는 대문자 소문자는 알았어도 필기체는 잘 몰랐기 때문에 받아쓰는 게 아니라 받아 그렸다. 여기에 수업도 어렵게 진행하다보니 나중에는 영어를 포기하고 말았다. 그 바람에 수능시험 때 영어를 망쳐 재수를 해야만 했다.

그런데 재수를 할 때 학원 선생님이 영어를 아주 쉽고 재미있게 가르쳐 다시 영어가 좋아졌다. 물론 그 학원 선생님은 흑판에 영어 필기를 할 때 대문자 소문자로만 썼다.

나 감성이는 그 때문에 그해 수능시험에서 영어 점수가 제일 좋았다. 그리고 대학에 들어가서도 영어는 늘 A⁺를 받았다.

나 감성이는 지금도 영어는 자신 있다. 나는 그대로 있고, 가르치는 사람만 바뀌었는데도 이런 일이 생겼다.

당신이 청중 앞에서 말을 하려거든 누구나 알아들을 수 있는 가장 쉬운 언어를 사용하라.

●● 미국 최초의 흑인 대통령 버락 오바마처럼 말해라

오바마의 말을 들어보라. 그의 말은 언제나 쉽다. 멋을 부리지 않는다. 그러면서도 남기고자 하는 메시지는 매우 강렬하다. 미국 유권자들의 마음을 얻은 오바마 화법의 비밀은 먼저 듣는 사람을 감지하고 그 사람이 이해하기 쉽도록 쉽고 간결하게 핵심을 담아낸다는 점이다.

맥케인과의 대통령선거보다 더 치열했던 민주당 경선과정에서 힐러리는 정책의 대가이고 박식한 사람이었지만 오바마의 스피치에 완전히 밀렸다. 오바마

버락 오바마

는 연설이 있을 때마다 지지율이 올라갔다. 인터넷에서도 힐러리 연설보다 오바마 연설의 검색수가 3배 정도 많았다. 그의 연설의 일부를 들어보자.

"한 번도 정치에 참여한 적이 없는 젊은 미국인들이 우리가 한 번도 경험하지 못했던 투표율로 선거에 참여했을 땐 미국에 무언가가 일어나고 있다는 뜻입니다. (중략) 부유하든 가난하든, 흑인이든 백인이든, 히스패닉이든 아시아인이든, 우리는 이 나라를 근본적으로 변화시킬 준비가 되어 있습니다. 이것이 바로 지금 미국에서 일어나고 있는 일입니다. 변화, 이것이 미국에서 일어나고 있는 일입니다."

- 1월 8일 뉴햄프셔 예비선거

오바마는 컬럼비아대학교 정치학, 하버드대학교 대학원 법학박사 출신으로 고학력자이다. 하지만 그의 말은 결코 어렵지 않다. 오바마는 쉬운 말로 연설해 스피치 대통령에서 진짜 미국 대통령에 당선되었다.

●● 쉽고 재미있는 성이야기 '구성애'

흔히 말하기 꺼리는 내용 중 하나가 성에 관한 이야기이다. 이러한 성 이야기를 아주 맛깔나게 하는 분이 있다. 바로 구성애 씨다.

구성애 씨는 1998년 7월 MBC 특별기획 〈구성애의 아우성〉 진행을 하면서 일약 스타가 됐다. 지금도 그녀의 스케줄은 2~3개월이 꽉 차 있다. 특히 학부모 대상 강의가 가장 많다. 그녀는 우리가 쉬쉬하는 성에 관한 얘기를 구수하고 쉬운 표현으로 재미있게 말한다. 전문적인 용어나 딱딱한 표현으로 했다면 지금의 구성애는 없었을 것이다.

그녀는 초등학생 성문제 상담을 오랫동안 해왔다. 초등학생들이 성에 대해 그녀와 이야기하고 싶어하는 이유는 간단하다. 부모가 꺼려하는 성이야기를 아이들의 언어로 쉽게 설명해주기 때문이다. 쉽고 직설적인 그녀의 강의를 들어보자.

청소년의 성교육에 있어서는 몸의 변화를 부모가 미리 알려주는 것이 매우 중요하다. 소녀의 경우 초경, 소년의 경우 몽정 등이다. 초경을 미리 알려주면 당황하지 않지만, 초경으로 인해 친구들로부터 놀림을 받거나 창피를 당하면 평생 섹스 기피자가 될 수도 있다. 소년의 몽정도 지극히 자연스러운 현상임을 알려줄 때 성에 대한 수치심이 사라질 수 있다는. 또한 성기에 털이 나는 것, 가슴이 커지는 것은 사람마다 차이가 있음을 알려주어야 성적 수치심으로부터 자유로울 수 있다.

쉬운 언어는 남녀노소 누구에게나 통한다. 다른 사람이 당신에게 다가오기도 편안하다. 당신이 어려운 말을 사용하는 사람이라면 상대방도 괜히 당신과 얘기하는 것이 부담스러울 수밖에 없다.

쉬운 언어를 써라. 쉬운 말들이 사람의 마음을 움직인다. 어려운 말을 써야 뭔가 있어 보인다는 생각은 아예 쓰레기통 깊숙이 던져버려라.

| 버락 오바마에게 배우는 리더십 10계명

1. 신뢰는 리더십의 기본이다 - 신뢰의 리더십

2. 변화와 혁신정신을 추구하라 - 변혁적 리더십

3. 가치관의 다양성을 인정하라 - 다원주의적 리더십

4. 이기적인 태도를 버려라 - 통합의 리더십

5. 약점도 강점으로 승화시켜라 - 긍정의 리더십

6. 비범함으로 평범함을 실천하는 리더 - 서민적 리더십

7. 창조적인 상상력을 가져라 - 창조적 리더십

8. 부드럽고 편안한 리더가 되라 - 여성적 리더십

9. 인간적인 관계형성에 노력하라 - 공감의 리더십

10. '말' 이라는 강력한 무기를 능숙하게 구사하라 - 대중 연설가로서의 리더십

11
그림언어를 사용하라

"우리 집 개가", "전에 제가 좋아하던 여자가"라는 식의 표현은 세부적인 설명이 생략되어 있어 말에 맛이 없다.

본인은 잘 아는 얘기라도 듣는 사람은 처음 듣는 얘기이다. 좀 더 구체적으로 표현하는 것이 좋다.

"우리 집 개가"란 표현을 좀 더 구체적으로 "5년 전부터 기르고 있는 몸길이 60센티의 새하얀 푸들로, 칠복이라는 이름을 가지고 있는 개가 있는데요."라고 설명을 하면 상대방이 금세 알아들을 수 있고, 관심까지 나타낸다.

"전에 제가 좋아하던 여자가"도 마찬가지다. 그냥 '여자'가 아니라 "내가 고등학교 때부터 짝사랑하던 여자는 하얀 피부에 키는 165cm 정도에 몸매가 S라인으로 너무 예뻤어요. 긴 생머리를 하고 있었고, 청바지와 흰 티를 즐겨 입었지요. 그리고 웃을 때는 보조개가 쏘옥 들어갔어요."라는 정도로 설명하자. 그리하면 상대방의 머릿속에 그녀의 모습이 사진처럼 떠오르지 않겠는가.

이는 물론 개와 여자에 한정되지 않는다. 말주변이 없는 사람은 말 자체가 서툴러서가 아니라 이처럼 자세한 설명을 생략하기 때문이다.

상대방이 당신이 체험한 일을 전혀 모를 때 상대방이 알 수 있도록 말하는 것을 '픽처토크'라 한다. 다시 말하자면 말로 그림을 그린다는 뜻이다.

러시아 연출가 스타니슬라비스키는 "말이라는 것은 상대방의 마음에 그림을 그리는 일이다."라는 말을 남겼다.

● ● 그림으로 말하는 영화배우 김수로

우리나라에서 그림 언어를 가장 잘 쓰는 사람은 영화배우 김수로다. 김수로는 영화 〈주유소 습격사건〉에서 코믹한 자장면 배달부 역을 하면서 대중들에게 널리 알려지기 시작했다. 그 뒤 그는 TV 오락프로그램에 나와 그만의 입담으로 확실하게 이름을 알렸다. 그가 게스트로 출연하면 프로그램 시청률이 오를 정도로 그의 입담은 대단하다. 그 비결이 바로 픽처토크다. 그가 예능프로에 나와서 했던 말이다.

"모 영화 촬영차 중국에 갔을 때 일인데, 내일 모레 12시까지 말 7필이 필요한 상황이야. 그러나 기수도 말도 부족한 상황이고 촬영지가 사막 오지라서 말을 어디서 구해오는 것은 불가능한 상황이었지. 근데 영화란 게 하루 촬영이 연기되면 몇 천만 원 손해를 보잖아요. 그래서 모두 걱정하고 있는데 그때 스윽 중국 현지 스텝이 오더니 우리는 옛날에 삐라라고 했는데, 말을 구한다는 전단지를 만들어서 그걸 열기구에 실어서 띄우는 거야. 그러다 기구가 터지면 전단지들이 땅으로 흩어지면서 사람들이 그걸 보고 와주기를 기다리는 거지. 촬영 당일 12시 좀 전에 나와서 기다리는데 아무도 안 오는 거야. 거의 영화 촬영이 무산되는 분위기였어. 10분 정도 남은 상황인데 저쪽 사막에서 모래 폭풍이 일더니 어떤 사람이 말을 타고 "이랴!" 하면서 달려오는데 계속 말이 한 필씩 붙는 거야. 근데 7필만 필요한데 말이 너무 많은 사람이 와서 15필까지 쓰기로 하고 나머지 사람은 돌아가라고 했지. 근데 우리 같으면 불만이 있었을 텐데 이 사람들은 "알았어." 하면서 다시 또 처음처럼 "이랴!" 하면서 모래폭풍을 일으키며 사라지는 거야."

- MBC 무릎팍도사 김수로 편

김수로의 이러한 이야기를 듣다 보면 문득 사막폭풍을 일으키며 말을 몰고 오는 모습이 절로 그려진다.

사실, 그림 언어를 가장 잘 쓰는 사람들은 시인이나 소설가들이다. 책으로 독자들의 마음을 사로잡기 위해서는 독자들의 상상력을 자극해야 하기 때문이다. 스피치에서도 그림언어를 잘 쓰면 보다 멋지고, 화려하고, 리얼하고, 구체적인 스피치를 할 수 있다.

● ● 그림 언어의 달인 인디언

그림 언어를 가장 잘 쓰는 민족은 인디언이다. 인디언들은 이름을 지어 줄 때도 그림 언어를 사용한다. '주먹쥐고 일어서, 늑대와 춤'처럼 듣기만 해도 상상이 되는 그런 이름들을 지어준다.

아래 있는 글은 1854년 피어스 대통령이 인디안 부족들에게 땅을 팔라고 요구한 것에 대한 시애틀 추장의 연설문이다. 이 연설문을 잘 살펴보면 여기에서도 그림화술이 쓰였다는 것을 금세 알 수 있다.

> "우리가 땅을 팔지 않으면 백인들은 총을 들고 와 빼앗을 것이다.
> 하지만 우리가 어떻게 하늘을 사고 팔 수 있단 말인가?

어떻게 대지의 온기를 사고 판단 말인가?

신선한 공기와 재잘거리는 시냇물을 어떻게 소유할 수 있단 말인가?

소유하지 않은 것들을 어떻게 저들에게 팔 수 있단 말인가?

우리는 대지의 일부분이며 대지 또한 우리의 일부분이다.

들꽃은 우리의 누이고 사슴, 말과 얼룩독수리는 우리의 형제다.

바위투성이의 산꼭대기, 강의 물결과 초원의 꽃들의 수액, 조랑말과 인간의 체온, 이 모든 것은 하나이며 모두 한 가족이다.

시내와 강에 흐르는 반짝이는 물은 우리 조상들의 피다.

백인들은 어머니 대지와 그의 형제들을 사고 훔치며 파는 물건과 똑같이 다룬다.

그들의 끝없는 욕심은 대지를 다 먹어치우는 것도 모자라 끝내 황량한 사막으로 만들고 말 것이다.

인디언들은 수면 위를 빠르게 스치는 부드러운 바람을 좋아한다.

그리고 한낮의 소낙비에 씻긴 바람의 향기와 바람이 실어오는 잣나무 향기를 사랑한다.

나의 할아버지에게 첫 숨을 베풀어준 바람은 그의 마지막 숨도 받아줄 것이다.

바람은 아이들에게 생명의 기운을 불어넣어 준다.

생명의 거미집을 짜는 것은 사람이 아니다.

우리는 그 안의 한 가닥 거미줄에 불과하다.

생명의 거미집에 가하는 행동은 반드시 그 자신에게 되돌아온다.

언제나 그래왔듯이 한 부족이 가면 다른 부족이 오고, 한 국가가

일어나면 다른 국가가 물러간다.

사람들도 파도처럼 왔다 가는 것이다.

언젠가 당신들 또한 우리가 한 형제임을 깨닫게 될 것이다."

당신은 이 글을 읽으면서 마치 인디언과 함께 숲 속에서 생활하고 있는 것 같은 느낌을 받을 것이다. 그림언어는 이처럼 듣는 사람의 마음속에 멋진 풍경을 떠오르게 만든다.

그림언어를 쓰는 연습을 끝없이 하라. 그림 언어는 당신의 스피치를 멋지고 화려하게 만들어 줄 것이다.

| 그림언어 연습하기

아래 6가지 상황을 그림언어로 말해보라.

① 당신이 좋아하는 이상형

② 당신이 살고 싶은 집

③ 당신이 타고 싶은 자동차

④ 가장 친한 친구

⑤ 당신의 가족

⑥ 미래 나의 모습

12
책과 신문에 스피치가 보인다

은행에 잔고가 많아야 아무 때나 돈을 찾아 쓸 수 있듯이 스피치도 똑같다.

머릿속에 들어간 것이 많아야 말 할 때 꺼내 쓸 것이 많다. 머릿속에 들어있는 게 없는 사람은 5분 정도 말하고 나면 머릿속 정보은행이 부도가 나서 할 말이 없게 된다.

말솜씨는 그 사람의 지식과 비례하는 경우가 많다. 아는 것이 많아야 표현을 잘 할 수 있기 때문이다. 천재가 아닌 이상 자신의 머릿속 상상과 경험만을 말하면서 스피치를 잘하기는 힘들다. 게다가 그러한 얘기에는 신뢰도가 떨어진다는 단점도 있다.

객관적 전문적 지식을 얻을 수 있는 최고의 길은 독서다. 나 감성도 사실 학교에 다닐 때는 교과서조차 제대로 안 읽는 사람이었다. 내가 독서하는 습관을 갖게 된 것은 군대에 있을 때부터다.

독서의 참맛을 느낄 때는 내가 읽은 내용을 누군가에게 전해줄 때다. 그 순간이 너무나 설레고 기분이 좋다. 내가 책에서 읽은 감동을 누군가에게 그대로 전달하는 즐거움이란 해본사람만이 알 것이다.

센스 있는 사람은 읽은 내용에 살을 붙이고 더 재미있게 이야기한다. 그러면 감동은 10배 이상 늘어난다.

나 감성은 요즘 독서가 더 늘었다. 왜냐하면 라디오DJ를 하다 보니 자연스럽게 그렇게 됐다. 아는 게 많아야 2시간 동안 쉬지 않고 떠들 수 있기 때문이다.

정보는 책에서 얻고, 세상 돌아가는 얘기는 신문에서 얻는다. 지금은 정보의 홍수시대이기 때문에 조금만 관심을 갖는다면 정보 얻는 것은 그리 어렵지 않다.

책이든 신문이든 TV든 닥치는 대로 정보를 접하라. 그리고 접하는 데에서 멈추지 마라. 좋은 정보는 노트에 기록하고 스크랩하고 영상으로 모아두어라.

● ● 김제동의 달변은 독서와 신문에서 나온다

김제동은 연예계의 대표적인 달변가다. 그가 방송에서 했던 말들을 엮은 '김제동 어록'은 한때 엄청난 신드롬을 불러 일으켰다. 풍부한 어휘력을 바탕으로

한 감칠맛 나는 그의 입심은 인기를 보장하는 원동력이다.

연예계 최고 입담꾼 김제동의 성공비결은 바로 '독서와 신문읽기'다. 모 개그 프로그램에 출연한 김제동은 자신이 하는 말 대부분이 "책에서 본 것이거나 신문에서 발췌해 옮긴 것"이라고 밝혔다. 이는 주변 동료들을 통해 확인할 수 있다.

가수 윤도현은 김제동에 대해 "기억력이 너무 좋고 감동받은 문구나 단어는 절대로 잊어버리지 않는다. 심지어 휴게소 화장실에 써 있는 말까지 좋으면 메모하고 자기 것으로 만든다."고 말한다.

박지윤 아나운서는 "김제동씨는 항상 책을 갖고 다닌다."며 "책이 안 보이면 매니저에게 책을 갖다 달라고 해서 읽고, 쉬는 시간에도 늘 책을 읽는다."며 칭찬을 아끼지 않는다.

김제동, 그는 바쁜 지금도 세 종류의 신문을 꼼꼼하게 읽는다. 그가 신문을 좋아하는 이유는 간단하다. 바로 알짜배기 정보 때문이다. 신문은 어제 일어난 일 중에서 가장 중요한 것만 취재하고 그것 중에서도 핵심만 추려 기사가 되어 매일 아침 집으로 달려온다.

신문에서는 평소에 직접 만날 수 없는 대통령, 전문박사, 스포츠스타, 연예인 등 유명인들을 만날 수도 있다.

신문 읽기는 어휘력과 문장력을 키우는 데도 큰 도움이 된다. 김제동은 특히 신문사설을 좋아한다. 그 이유는 이렇다. 김제동의 말이다.

"논설이나 사설을 읽을 때 충분한 시간을 갖고 정독하는 편이에요. 이런 글들은 대부분 기승전결이 정확하거든요. 우리가 말하거나 글을 쓸 때도 화제를 던지고 얘기하다가 뭔가 결론을 제시해야 하잖아요. 사설이나 말하기의 표현 방법은 다르지만 그 원칙은 같아요. 신문은 바로 그 원칙에 충실하기 때문에 배울 점이 많은 거죠."

그는 사설 읽기에서 더 나아가 내용이 서로 다른 두 개의 사설을 읽고 비교해 보고 자신의 생각까지 글로 적어 스크랩한다. 김제동의 이러한 노력이 있었기에 대구에서 잘 나가는 레크리에이션 MC에서 방송MC로까지 사랑 받을 수 있었던 것이다.

●● 벤자민 프랭클린, 나는 책 도둑이다

책 얘기에서 빼놓으면 섭섭해 하는 분이 한 분 있다. 바로 벤자민 프랭클린이다. 프랭클린은 미국 건국의 아버지로 워싱턴, 제퍼슨 못지않게 추앙을 받는 인물이다. 미국 동전과 지폐, 도시와 거리 이름 등에서도 프랭클린은 늘 미국인과 만나는 위인이다.

프랭클린은 탁월한 정치가, 외교관으로서 토머스 제퍼슨과 함께 독립선언문을 기초했으며, 독립전쟁을 앞두고 프랑스와의 동맹을 이끌어냈다.

그는 작가, 언론인으로도 큰 족적을 남겼으며, 피뢰침, 이중초점렌즈, 스토브, 속도계를 발명했고, 독특한 악기까지 개발했다. 미국에서 공공도서관과 소방서를 처음으로 설립했고, 펜실베이니아대학과 프랭클린 앤 마샬 대학 설립의 핵심 인물이었다.

프랭클린이 이러한 성과를 이룬 것은 학벌이 좋아서도 아니고 집안이 좋아서도 아니다. 그는 가난한 집에서 태어났고, 학교를 2년밖에 다니지 못했다. 하지만 그는 어려서부터 책 읽는 것을 좋아했다.

그는 12살 때 형의 인쇄소에서 일했다. 그는 그때 손님이 의뢰한 책을 몰래 가져와 밤새도록 읽고 아침에 갖다 놓았을 정도로 책에 집착했다. 그는 틈만 나면 책을 읽고 독서클럽을 조직해 부족한 학력을 보충했다. 그의 말이다.

"나는 대부분의 시간을 직업에만 충실했고, 책 읽는 것 외에는 다른 사사로운 시간을 허비하지 않았다."

시간이 날 때마다 독서를 했던 그가 스피치로 이룬 성과는 놀랍다.

그는 아메리카 식민지 자치에 대해 영국의 관리들과 토론을 벌일 때 식민지 대변인으로 활약했다. 이어 독립선언서 작성에 참여했으며, 미국 독립전쟁 때

벤자민 프랭클린이 실려있는 미국 화폐

프랑스의 경제적·군사적 원조를 얻어냈다. 영국과 협상하는 자리에서는 미국 대표로 참석해 13개 식민지를 하나의 주권 국가로 승인하는 조약을 맺었으며, 2세기 동안 미국의 기본법이 된 미국 헌법의 뼈대를 만들었다. 특히 제퍼슨과 함께 기초한 〈미국 독립 선언서〉는 역사에 길이 남을 업적으로 평가되고 있다. 이러한 업적 덕분에 지금도 백 달러 지폐 모델로 우리곁에 남아 있다.

아는 것이 힘이다. 이 말은 정말 진리다.

자동차는 기름통에 기름이 있는 만큼 달릴 수 있고 스피치는 머리에 지식이 있는 만큼 잘 할 수 있다.

| 프랭클린의 13가지 덕목

1. **절 제** = 배가 불편할 정도까지 먹지 말라. 취하도록 술을 마시지 말라.
2. **침 묵** = 남이나 자신에게 이익이 되지 않는 말을 삼가라. 경박한 토론을 피하라.
3. **질 서** = 모든 일이나 물건이 제자리를 찾게 하라. 일은 가장 적합한 시기에 추진하라.
4. **결 단** = 반드시 해야 할 일은 실천하도록 결심하라. 결심했으면 반드시 실천하라.
5. **절 약** = 남이나 자신에게 이익이 되지 않는 일에는 돈을 쓰지 말라. 그것이 낭비하지 않는 길이다.
6. **근 면** = 시간을 낭비하지 마라. 유익한 일에 힘쓰고 불필요한 일은 잘라버려라.
7. **성 실** = 사람을 속여 해를 끼치지 말라. 순수하고 정의롭게 생각하고 이에 따라 말해라.
8. **정 의** = 남에게 직접 상처를 주거나 자신이 해야 할 일을 빠뜨려 해를 끼치지 말라.
9. **중 용** = 극단을 피하라. 상대방이 아무리 잘못했어도 그만큼 화를 내는 것을 참아라.
10. **청 결** = 신체, 옷, 집이 불결한 것을 방관하지 말라.
11. **평정심** = 사소한 일이나 일상적이고 피할 수 없는 사고에 마음이 흔들리지 말라.
12. **순 결** = 건강과 자손을 위해서만 부부생활을 하라. 지나친 성행위로 멍해지거나 체력이 약해져선 안 된다. 외도로 너나 다른 사람의 평상심이나 명예에 손상이 와서는 안 된다.
13. **겸 허** = 예수와 소크라테스 등 성인의 언행을 따라 하라.

13
자신의 경험을 말하라

스피치를 할 때 자신의 경험을 말하라. 자신의 경험을 말하면 좋은 점이 많이 있다. 게다가 내가 이미 경험한 것이기 때문에 그 얘기를 암기할 필요가 없다. 여기에 다른 사람들이 할 수 없는 얘기이기 때문에 차별화가 된다. 경험은 어떠한 이야기를 인용하는 것보다도 더 큰 재미와 감동을 준다.

"제가 대학교 다닐 때 스티커 사진 찍는 게 엄청 인기였어요. 하루는 친구들이랑 술 먹고 부은 얼굴로 스티커 사진을 찍었어요. 근데 거기에 잡티 제거 버튼이 있어서 그걸 눌렀는데, 그만 제 눈이 없어졌어요. 제가 눈이 작은 건 알았지만 이 정도인 줄은 몰랐는데 그때 한 번 심각하게 쌍꺼풀 수술 고민을 했습니다."

이 이야기는 나 감성이가 강의를 할 때 가끔 하는 말인데, 재미있는 조크를 할 때보다도 사람들의 반응이 더 뜨겁다. 왜냐하면 나의 경험담이고 내가 당사자이기 때문이다.

스피치 대가에는 유명한 장군들이 많이 있다. 그럴 수밖에 없는 것이 전쟁하기 전에 장군들은 말로써 군의 사기를 높여야 하고, 사명감을 줘야 하고, 승리에 대한 믿음을 줘야 하기 때문이다. 역사에 남는 명장들은 무예와 지략만 뛰어난 것이 아니라 스피치도 뛰어났다.

장군들이 주로 하는 얘기는 자신의 경험이다. 병사들은 장군의 이야기를 듣고 목숨을 걸고 전장으로 나아간다. 이처럼 다른 사람의 목숨을 걸게 할 수 있는 스피치가 최고의 스피치다. 명장들의 어록을 모아봤다.

● ● 이순신의 백전백승 스피치

집안이 나쁘다고 탓하지 마라
나는 몰락한 역적의 가문에서 태어나
가난 때문에 외갓집에서 자라났다

머리가 나쁘다 말하지 마라

나는 첫 시험에서 낙방하고

서른둘의 늦은 나이에 겨우 과거에 급제했다

좋은 직위가 아니라고 불평하지 말라

나는 14년 동안 변방 오지의 말단 수비 장교로 돌았다

윗사람의 지시라 어쩔 수 없다고 말하지 말라

나는 불의한 직속상관들과의 불화로

몇 차례나 파면과 불이익을 받았다

몸이 약하다고 고민하지 마라

나는 평생 동안 고질적인 위장병과

전염병으로 고통 받았다

기회가 주어지지 않는다고 불평하지 말라

나는 적군의 침입으로 나라가 위태로워진 후

마흔 일곱에 제독이 되었다

조직의 지원이 없다고 실망하지 마라

나는 스스로 논밭을 갈아 군자금을 만들었고

스물세 번 싸워 스물세 번 이겼다

사람이 알아주지 않는다고 불만 갖지 말라

나는 끊임없는 임금의 오해와 의심으로

모든 공을 뺏긴 채 옥살이를 해야 했다

자본이 없다고 절망하지 말라

나는 빈손으로 돌아온 전쟁터에서

12척의 낡은 배로 133척의 적을 막았다

옳지 못한 방법으로 가족을 사랑한다 말하지 말라

나는 스무 살의 아들을 적의 칼날에 잃었고

또 다른 아들들과 함께 전쟁터로 나섰다

죽음이 두렵다고 말하지 말라

나는 적들이 물러가는 마지막 전투에서 스스로 죽음을 택했다

충무공 이순신도 스피치장군이었다

이 글을 읽고 있으면 이분과 함께라면 내 목숨도 기꺼이 바칠 수도 있다는 생각이 든다.

이순신 장군은 뛰어난 전술가이기도 하지만 이러한 스피치 실력이 있었기에 23번의 전쟁에서 23번 다 승리했다. 스피치에 승리하고 싶다면 경험을 말해라.

●● 스피치로 세계를 정복한 칭키스 칸

칭기스 칸은 강력한 스피치 덕분에 역사상 가장 유명한 정복왕이 되었다. 그는 유목민 부족들로 분산되어 있던 몽골을 통일하고, 몽골의 영토를 중국에서 아드리아 해까지 확장시킨 영웅이 되었다.

집안이 나쁘다고 탓하지 말라.
나는 들쥐를 잡아먹으며 연명했고
목숨을 건 전쟁이 내 직업이고 내 일이었다.
작은 나라에서 태어났다고 말하지 말라.
그림자 말고는 친구도 없고 병사로만 10만,
백성은 어린애, 노인까지 합쳐 200만도 되지 않았다.

배운 게 없다고 힘이 없다고 탓하지 말라.
나는 내 이름도 쓸 줄 몰랐으나
남의 말에 귀 기울이면서 현명해지는 법을 배웠다.

너무 막막하다고, 그래서 포기해야겠다고 말하지 말라.
나는 목에 칼을 쓰고도 탈출했고
볼에 화살을 맞고 죽었다 살아나기도 했다.

적은 밖에 있는 것이 아니라 내 안에 있었다.
나는 내게 거추장스러운 것은 깡그리 쓸어버렸다.
나를 극복하는 그 순간 나는 칭기스 칸이 되었다.

여러분들도 자신의 경험을 말해보라. 거창하지 않아도 된다. 자신이 실수한 얘기, 학창시절 얘기, 군대 얘기, 가난했던 시절 얘기, 이성 친구 만난 얘기 등 어떠한 얘기라도 좋다.

경험에서 나오는 감동적인 스피치는 사람을 매혹시키는 페로몬과 같은 효과가 있다.

14
좋은 예를 들어라

우리는 어려서부터 '보기' 또는 '예'를 드는 것에 익숙하다.

나 감성은 학창시절 시험을 칠 때 맨땅에 헤딩하는 주관식 보다는 1,2,3,4,5번의 보기가 있는 객관식이 더 좋았다. '보기'나 '예'는 우리의 마음을 편안하게 해준다.

스피치에서도 '예'를 들어 주는 것이 중요하다. 목소리가 좋다거나 또박또박 말한다고 해서 그 사람보고 말 잘한다는 얘기는 하지 않는다. 말 잘한다는 소리를 듣는 사람들은 풍부한 '예'를 사용하는 사람들이다. '예'를 들면서 자신이 하고자 하는 말을 하는 것이다.

위인의 일화, 연구결과, 뉴스기사, 소설, 유머 등 모든 것이 우리가 사용할 수 있는 '예'들이다. '예'를 잘 활용하려면 자료수집을 잘 해야 한다.

좋은 자료를 많이 모아라. 스피치를 할 때 자신의 경험도 좋지만 모든 사람이 인정하는 위인의 일화를 얘기하면 사람들은 당신의 말을 더 신뢰하고, 귀를 기울일 것이다.

● ● 『무지개 원리』의 차동엽 신부

'예'를 바탕으로 스피치를 풍부하게 하는 분이 있다. 베스트셀러 『무지개 원리』를 쓴 차동엽 신부님이다.

『무지개 원리』란 책에 보면 200가지가 넘는 '예'들이 들어있다. 신부님께서는 어떠한 주제를 말할 때 그에 맞는 '예'를 늘 같이 말했다. 그 덕분인지 『무지개 원리』는 현재 80만 권 이상 팔렸고, 외국에서도 반응이 꽤 좋다. 신부님의 스피치, 글로 감상해보자.

보석상을 운영하는 한 부호가 유럽여행 중 진귀한 보석을 발견하였다. 거액의 돈을 주고 보석을 산 그는 자신의 나라로 돌아가 그 이상의 돈을 받고 팔 생각으로 설레었다. 그러다 살 때는 미처 보지 못한 작은 흠집이 있는 것을 발견했다.

"앗! 이런 흠이 있었다니…."

그는 어찌할 줄을 몰랐다. 감정가들도 그 흠집 때문에 보석의 가치가 떨어진다고 입을 모았다. 그때부터 그 보석은 제값을 받기는커녕 가격이 한없이 내려갔다.

보석상 주인은 여러 가지 생각에 잠겼다.

"어떻게 하면 이 보석을 원래의 가치로 되돌릴 수 있을까?"

그는 오랜 고민과 생각 끝에 한 가지 묘안을 떠올렸다. 바로 보석의 작은 흠에 장미꽃을 조각하는 것이었다. 결과는 어떠했을까? 장미꽃 조각 하나로 그 보석의 가치는 몇 배 이상으로 올라갔으며, 모든 사람들이 사고 싶어 하는 예술품이 되었다.

숨기려고 감추려고만 했던 작은 흠을 새로운 장점으로 부각시키는 것, 지혜란 바로 이런 것이다.

- 「무지개 원리」 중에서

요즈음 차동엽 신부님은 강의 일정으로 스케줄이 빡빡하다. 책만 잘 쓰는 것이 아니라 스피치도 아주 잘하는 것이다. 풍부한 이야기꺼리가 있다면 당연히 스피치를 잘 할 수밖에 없다.

● ● 꿈꾸는 작가 '이지성'

'예'를 잘 사용하는 또 한 분이 있다. 이분 역시 베스트셀러 작가다. 『꿈꾸는 다락방』의 이지성 작가가 그다.

나 감성은 이 분의 출판기념회에 가서 강의를 들었는데 역시나 풍부한 예를 사용했다. 이 분의 스피치를 글로 만나보자.

> 꿈꿀 수 있는 것은 무엇이든 이룰 수 있습니다.
> 빌 게이츠는 "나는 10대 시절부터 세계의 모든 가정에 컴퓨터가 한 대씩 설치되는 것을 상상했고, 또 반드시 그렇게 만들고야 말겠다."고 외쳤다.
> 워렌 버핏은 "아주 어렸을 때부터 내 마음속에는 세계 제일의 부자가 된 나의 모습이 선명하게 자리 잡고 있었습니다. 나는 내가 거부가 되리라는 사실을 의심해본 적이 단 한순간도 없습니다."라고 했다.
> 이소룡은 "나는 1980년에 미국에서 가장 유명한 동양인 배우가 되어 있을 것이다. 나는 천만 달러의 출연료를 받을 것이다."라고 썼다. 이소룡이 친필로 작성한 이 종이는 뉴욕 플래닛 할리우드에 소장되어 있다.

꿈꾸는 것은 뭐든 이루어진다. 당신도 이들처럼 할 수 있습니다.

– 『꿈꾸는 다락방』 중에서

'예'를 들어주는 것은 이처럼 강력한 힘이 있다. '예'를 들고 난 다음에 자신의 경험까지 이야기한다면 더 좋은 스피치가 된다.

●● 예화와 경험담을 결합시키는 화술

'끝까지 도전하라' 란 주제로 '예 +자기경험' 으로 만들어 봤다.

여러분 끝까지 도전하세요.
에디슨은 전구를 만들기 위해 무려 2000번의 실패를 했습니다.
한 젊은 기자가 그에게 그토록 수없이 실패했을 때의 기분이 어떠했는지를 물었습니다.
그러자 에디슨은 대답했습니다.
"실패라니요? 난 한 번도 실패한 적이 없습니다. 나는 단지 전구가 빛을 내지 않는 2000가지의 원리를 알아냈을 뿐입니다."라고 얘기했습니다.

사실 저도 사랑하는 여자를 얻기까지 많은 실패를 했습니다.

대학 미팅 때 처음 보고 너무 좋아서 사랑고백을 했는데 거절당했습니다.

사랑을 얻기 위해 용돈 모아서 명품가방 선물도 하고, 생일날 꽃도 보내고, 학교 앞에서 기다리기도 했지만 그럴수록 그녀는 날 싫어했습니다.

하지만 난 포기하지 않고 3년간 매일 같은 시간에 그녀에게 '나는 당신을 미치도록 사랑합니다' 란 문자를 보낸 끝에 결국 결혼까지 했습니다.

여러분 끝까지 도전하세요.

이런 식으로 어떤 예화에 자신의 경험을 보태어 말하는 연습을 하면 당신도 훌륭한 스피치대통령이 될 수 있다.

| 차동엽 신부님의 7가지 무지개 원리

1. 긍정적으로 생각하라

2. 지혜의 씨앗을 뿌리라

3. 꿈을 품어라

4. 성취를 믿어라

5. 말을 다스려라

6. 습관을 길들여라

7. 절대로 포기하지 말라

※위 7가지 원리를 잘 지킨다면 당신의 인생은 무지개처럼 빛날 것이다.

15
철저히 준비하라

맥도날드는 햄버거 하나로 전 세계를 평정한 회사다. 더운 나라든 추운 나라든 맥도날드 햄버거를 팔지 않는 곳이 없다. 맥도날드는 종교, 인종, 성별을 불문하고 세계를 하나로 만들었다.

그들의 성공비결은 철저한 준비에 있다. 맥도날드는 점포 하나를 열기 위해 철저한 준비를 해나간다. 햄버거 고기를 어느 정도 두께로 할 것인지, 고기를 구울 때는 몇 도의 온도에서 굽고, 몇 분 동안 익힐 것인지를 미리 조사한다. 그리고 감자는 몇 센티미터로 자르고 얼마나 튀길 것인지, 직원 유니폼이나 화장실, 매장 내 조명까지도 주도면밀하게 조사한다. 여기에 손님에게 인사하고 주문하는 방법까지 철저하게 준비한다.

달 표면에 최초로 발자국을 남긴 닐 암스트롱의 말을 기억하는가. 그는 달 표면에 첫 발을 내딛으며 다음과 같은 말을 남겼다.

"이 일이 나 개인에게는 작은 한 걸음에 불과하지만 인류에게는 대단한 도약이다."

암스트롱은 그 유명한 말 뒤에 이렇게 덧붙였다.

"아름다웠다. 계획한 그대로였으며 연습한 그대로였다."

달을 가기 위한 철저한 준비가 성공적인 결과를 이룬 것이다. 이러한 준비하는 자세는 당신의 스피치도 성공적으로 만들어준다.

'지피지기면 백전백승이다'란 말이 있다. 적을 알고 나를 알면 백전백승한다는 뜻이다. 스피치에서도 이처럼 얼마나 많은 정보를 알고 철저히 준비하느냐가 중요하다. 우선 내가 스피치 해야 하는 곳의 모임의 성격, 청중의 인원수, 연령대, 업종, 스피치 목적, 스피치 하는 시간 등을 꼼꼼히 따져 거기에 맞는 스피치를 준비해야 한다. 그래야 의상을 캐주얼로 입을지, 정장을 입을지 정할 수 있다.

스피치 준비를 할 때에는 나이에 맞는 관심사를 얘기하는 것도 필요하다. 일반적으로 청중이 10~20대라면 이성에게 관심 끄는 법에 관심이 있을 것이다. 30~40대라면 재테크나 자녀교육에 관심이 많을 것이고, 50~60대라면 건강에 관심이 높을 것이다.

모임의 성격에 따라서도 스피치 준비를 달리 해야 한다. 군대에 입대하는 친구들에게는 자신의 군대에서 겪었던 일을 얘기해줘도 좋고, 노처녀 노총각 모임에서는 이성에게 사랑받는 법을 이야기하는 것이 좋다. 살찐 분들이 많다면 다이어트 하는 법, 안경 쓴 사람이 많다면 눈 좋아지는 지압 등을 이야기해야 한다.

시간 때에 따라서도 다르다. 스피치 하는 시간이 점심시간 이후라면 스트레칭을 해주고 스피치를 하는 것이 좋다. 또, 내가 소개를 하거나 인터뷰하는 사람에 대한 프로필을 미리 봐두는 것도 중요하다.

● ● 방송 전날 잠 설치는 허참

철저한 준비로 스피치 대통령이 된 분이 있다. 바로 허참 씨이다.

허참은 1984년 〈가족오락관〉 진행을 맡으며 지금까지 25년간 한 프로그램에서 MC 자리를 지켜왔다. 25년간 20여 명의 여자 MC와 30여 명의 PD들이 바뀌면서도 허참은 명실상부한 KBS의 간판 MC로서 자리매김했다.

허참이 이렇게 사랑을 받는 이유는 바로 철저한 준비자세 때문이다. 허참은 25년 동안 한 번도 빼지 않고 사전 리허설을 진행하지만 여전히 방송 전날 밤에는 마음이 설레 잠을 설친다고 고백했다.

허참은 〈가족오락관〉에 출연하는 게스트들에 대한 정보를 외우고 방송을 한다. 때문에 더욱 가족적인 분위기가 연출되는 것이다. 허참은 MBC 오락프로

〈무릎 팍 도사〉에 출연할 때도 강호동의 생년월일과 키 몸무게 등의 프로필, 부인의 이름까지 막힘없이 말할 수 있을 정도로 방송 준비를 철저하게 했다.

허참 씨가 PD들과 시청자들에게 오랫동안 사랑받는 데에는 이런 이유가 있었다.

● ● 조다이 요시로 의원 코 납작하게 만든 손석희

얼마 전 한미FTA 협상대표로 보냈으면 하는 아나운서를 뽑는 설문조사에서 손석희 씨가 1등을 했다. 그 이유 중 하나가 철저한 사전준비였다. 손석희는 현재 〈손석희의 시선집중〉 〈100분 토론〉 등에서 MC로 활동하고 있다. 이 두 프로그램은 시사프로면서 생방송으로 진행된다. 그러다 보니 그 어떤 프로보다 철저히 준비를 해야 한다. 손석희는 그런 면에서 차별화 된다. 손석희가 얼마나 철저히 준비하는 사람인지 단적으로 보여주는 사건이 있었다.

2005년 2월 22일을 '다케시마의 날'로 선포한 일본 시마네현의 조례제정을 주도한 일본 조다이 요시로 의원과의 인터뷰가 있었다.

조다이 요시로 의원이 "국제법상으로 자기 영토라고 말하기 위해서는 몇 가지 조건이 필요합니다. 첫째, 긴 세월 동안 독도를 이용해온 역사적 사실이 있는가. 둘째, 주인이 없는 땅이었나. 셋째, 정부나 지자체 모두에서 행정사무를 집행한 적이 있는가. 마지막으로 신문 등에 공포한 적이 있는가 하는 점입니다. 애도시대 초기인 1600년 경부터 이용해왔습니다. 오타니나 무라카와라는 일본 국민이 독도에서 전복이나 물개를 잡았다는 기록이 있습니다. 그 당시엔 울릉도라는 섬이 조선의 영토라고 확실히 정해져 있지 않았기 때문에 일본 국민들은 울릉도에 가서 여러 가지 어업을 행했죠."라며 먼저 말을 꺼냈다.

손석희는 이에 "아까 1600년대라고 말씀하셨는데 여기에서는 이미 신라시대인 512년에 우리 영토로 기록이 돼 있습니다. 즉 일본측에서 1600년대를 얘기하고 있는데 이미 그보다 1000년 앞서 있는 512년에 우리의 역사적 기록에서 신라영토로 기록이 돼 있단 얘기죠. 뒤집어 얘기하면 독도를 이용해 중간기지로 삼아서 울릉도로 진출하려 했다 하는 것은 다시 말하면 독도를 무단점용했다는 이야기입니다. 거기에 대해서 어떻게 생각하십니까?"라고 조다이 의원에게 날카로운 반문을 했다.

조다이 의원이 "역사적인 논쟁을 하자면 끝이 없습니다. 한국이나 일본이나 각기 자기주장만 하지 않습니까? 당신의 요지는 6세기에 신라라는 나라가 독도를 직접 다스렸다는 겁니까?"라고 반격하자 손석희는 "신라 영토로 기록돼 있었다는 것은 다시 말해서 영토로 운영했다는 것으로 받아들여야 되겠죠. 당연히"라고 응수하는 등 노련하고 준비된 진행으로 눈길을 끌었다.

손석희는 "지금 한국이 점거하고 있는 독도는 합법적인 점거라고 할 수 없습니다. 불법적인 점거입니다."라는 조다이 의원의 주장에 대해 "다시 근거를 제시해드리죠. 2차 대전 종전 직후인 1946년 1월 29일에 연합국 최고사령관이 훈령 제677조를 통해 독도를 일본 영토에서 제외 조치한 사실이 있습니다. 이렇게 가장 최근의 역사적 문서를 통해서도 독도가 일본 영토가 아니다, 이걸 분명히 했는데 이것도 부정하시겠는지요. 그리고 또 하나는 대개 일본 쪽에서 얘기하는 것이 샌프란시스코 조약을 얘기하는데 샌프란시스코 조약에서 독도가 한국영토로 명시돼 있지 않았다는 것, 즉 일본이 반환해야 되는 한국 영토 가운데 독도가 빠져 있는 것 때문에 일본 쪽에서는 자기네 땅이다, 이렇게 얘기하는 것 같은데 1952년에 일본의 마이니치신문사가 샌프란시스코 평화조약 설명서를 실으면서 여기에 지도를 실은 게 있습니다. 이 지도 안에는 분명하게 울릉도하고 독도가 일본식으로 죽도로 표기가 돼 있습니다만 일본 영토가 아니라 한국의 영토인 것으로 분명하게 표시가 돼 있습니다."라고 논리적 근거를 제시하며 시사 프로그램 대표적인 진행자로서 면모를 유감없이 드러냈다.

이날 방송에서 진행자 손석희는 논리적인 진행과 객관적 논거를 제시하며 조다이 의원의 독도 일본영유권 주장을 반박했다. 그는 진행자로서 방송내용에 대한 철저한 준비와 인터뷰를 하는 사람의 말에 대한 허점을 파고드는 예리한 질문으로 시사 프로그램 진행자의 자세가 어떠해야 하는지를 유감없이 보여줬다.

잘 먹으면 속이 든든하고, 철저히 준비하면 스피치가 든든하다.

16
비유를 잘 들어라

현존하는 스피치 최고들도 많겠지만 아마 지구 역사상 이 분들만큼 스피치를 잘하는 분은 없을 것이다.

예수님과 부처님이 그 분들이다. 이 분들이 얼마나 말씀을 잘하셨으면 2000년 전 2500년 전에 하신 말씀을 들으며 지금까지도 감동을 받고 있지 않은가!! 단지 문자로 만났는데도 말이다. 이 분들의 말씀을 직접 눈앞에서 들었다면 책으로 읽는 것 100배 이상의 감동이 있었을 것이다.

당신은 혹시 예수님과 부처님의 가장 큰 차이점에 대해서 알고 있는가? 많은 생각을 하겠지만 가장 큰 차이는 헤어스타일인 것 같다. ㅋㅋ

두 분의 차이점에 대해서는 종교적이라 잘 모르더라도 두 분의 공통점만은 우리가 확실히 알아야 한다. 두 분은 말씀을 하실 때 비유를 잘 들었다. 비유를 드는 가장 큰 이유는 무엇일까?

이해하기 쉽게 하기 위해서다. 상대방의 직업, 나이, 성별에 따라 적절한 비유를 함으로써 상대방이 어려워하지 않고 이해하기 쉽게 해주는 것이다.

● ● 예수님, 난 비유의 전도사

예수님께서는 성경 속에서 수많은 비유를 들으셨다. 몇 가지 모아 봤다.

> 진실로 너희에게 이르노니 너희가 만일 믿음이 한 겨자씨만큼만
> 있으면 이 산을 명하여 여기서 저기로 옮기라 하여도 옮길 것이요
>
> – 마태복음 17장 20절

아주 작은 믿음이란 말 대신에 '겨자씨만한 믿음'이라고 표현했고, 또 '불가능한 일도 할 수 있다'란 표현 대신에 '산을 옮길 수 있다'고 표현했다. 위의 말에서 비유를 빼면 이렇다. '진실로 너희에게 이르노니 너희가 만일 작은 믿음이라도 있으면 불가능한 일이 없다.' 이 얼마나 심심한 스피치인가?

> 너희는 세상의 소금이니 소금이 만일 그 맛을 잃으면 무엇으로 짜
> 게 하리요
>
> - 마태복음 5장 13절

바닷물은 97% 물과 3% 소금으로 이루어 졌는데, 바닷물이 썩지 않는 이유는 3% 소금 때문이라고 한다. 예수님은 세상을 정화시키는 사람이 되라는 말되신 소금이란 비유를 썼다.

나 감성이도 예수님의 비유에 도전해 보기로 했다.

너희는 세상의 설탕이니 설탕이 만일 그 맛을 잃으면 무엇으로 달게 하리요.

너희는 세상의 간장이니 간장이 만일 그 맛을 잃으면 무엇으로 짜게 하리요.

너희는 세상의 쌈장이니 쌈장이 만일 그 맛을 잃으면 무엇으로 쌈 싸먹으리요.

여러분들도 한번 새로운 걸 만들어 보라. 그래도 역시 예수님께서 말씀하신 '소금' 만큼 적절한 표현은 없는 것 같다.

예수님께서 어부였던 베드로와 안드레를 전도하실 때 이런 말씀을 하셨다.

> 나를 따라오너라 내가 너희로 사람을 낚는 어부가 되게 하리라
>
> - 마태복음 4장 19절

예수님께서 만약 그들에게 '내가 너희로 사람을 추수하는 농부가 되게 하리라'라고 말씀하셨다면 베드로와 안드레는 따라가지 않았을지도 모를 일이다.

> 우물가에 있는 여인에게 "나는 물이요."
> 소경된 자에게 "나는 세상의 빛이라."
> 배고픈 자들에게 "나는 세상의 떡이라."
> 세상을 헤매는 영혼들에게 "나는 선한 목자라."

예수님은 언제나 그들이 이해하기 쉬운 언어로 말씀하셨다. 예수님은 비유에 달인이셨다.

● ● 부처님, 2500년 전에 눈높이 교육

그렇다면 부처님은 어떠할까? 해인사에 보관된 팔만대장경에는 부처님께서 45년간 하루도 쉬지 않고 중생들에게 깨달음을 준 내용이 고스란히 보관되어 있다. 권수로는 7천 권에 달하고 글자 수로는 5천만 자가 넘는다.

팔만대장경이 이렇게 많은 내용을 간직한 이유는 부처님께서 설법을 듣는 상대방의 수준이나 계층 또는 직업에 따라 달리 표현했기 때문이다. 이것을 일러

응병여약(應病與藥 : 병에 맞추어 약을 쓴다), 대기설법(對機說法 : 듣는 사람이 근기에 맞추어 설법한다)이라 하는데, 부처님은 2500년 전부터 눈높이 교육법을 아셨던 것이다.

> 나는 세상 사람이 아는 바와 같이 그렇게 말한다. 무슨 까닭인가? 나를 세상 사람들과 다르게 하지 않기 위해서다. 비유하면 어떤 그릇이 어떤 곳에 있을 때는 건자라 하고, 어떤 곳에서는 발우, 어떤 곳에서는 차류, 어떤 때는 비실다, 어떤 때는 바사나, 어떤 때는 살뢰라고 하는 것과 같다.
>
> — 「비하경」

부처님이 어느 날 비구에게 물으셨다
"그대는 속세에 있을 때 거문고를 잘 탔는가?"
비구가 그렇다고 대답하자 부처님께서는 "거문고 줄을 너무 조이거나 늦추면 소리가 좋지 않듯 수행 역시 너무 급해도 느려도 진전이 없다."고 거문고 줄 비유를 들어 말씀하신다.

— 「이십억이경」

부처님은 그릇이 쓰이는 때와 장소에 따라 이름이 바뀌는 것처럼 자신도 상대방에 맞게 가르침을 전한다는 뜻으로 위의 예를 들었다. 그리고 수행에 조바심을 갖고 있는 비구에겐 거문고 비유를 들었다.

비구가 속세에 있을 때 만약 식당주인이었다면 부처님께서는 이런 비유를 들지 않았을까?

"밥을 할 때 불을 너무 세게 하면 밥이 타고, 약하게 하면 밥이 덜 익듯 수행 역시 너무 급해도 느려도 진전이 없다."

나 감성처럼 항상 비슷한 응용을 하는 습관을 길러라. 하다보면 재미있다. 계속 하다보면 나보다 더 잘 할 수 있을 것이다.

사람에 따라 행복의 의미가 다르다. 아이들에게는 아이스크림이 행복이고, 노총각에게는 좋은 여자 만나는 것이 행복이다. 서민들은 내 집 마련이 행복이고, 아픈 사람은 건강을 되찾은 것이 행복이지 않은가! 상대방이 쉽게 이해할 수 있는 비유를 들어서 얘기하면 많은 사람이 당신의 얘기에 집중할 것이다.

듣는 사람을 배려하지 않고, 모든 사람에게 똑같이 얘기하는 것은 좋은 스피치가 아니다. 어렵지 않다. 그들과 눈높이를 맞추면 된다. 비유는 스피치의 묘약이다.

비유란 지금도 말 잘하는 사람의 대표적인 스피치 무기다.

| 비유표현법 적고 말하기

1. 사랑은 ☐다.
   - 사랑은 꿀이다. 달콤하니까.
   - 사랑은 사이다다. 톡 쏘니까.
   - 사랑은 금이다. 변치 않으니까.

이런 식으로 연습하시길 바란다.

2. 친구는 ☐다.

3. 어머니는 ☐다

4. 인생은 ☐다.

17
반복적인 표현을 하라

개그에서 가장 재미있는 것은 반복이다.

개그 듀오 컬투가 항상 하는 얘기다. 그들이 진행하는 라디오 컬투쇼가 청취율 1등을 하는 것은 컬투의 재미있는 입담 덕분인데, 그 입담의 중심은 반복화법이다.

반복으로 사람을 웃기는 것이 개그의 공식이다. 어떤 상황에서도 계속 같은 말이나 행동을 하기 때문에 사람들에게 웃음을 주는 것이다. 또한 웃는 것을 넘어서 따라하게 만든다. 이렇게 해서 탄생하는 것이 바로 유행어다.

개그맨은 유행어가 있어야 돈을 번다. 대중가요도 똑같다. 어떠한 특정 노래 소절을 반복적으로 불러야 한다. 그래야 유행가가 되는 것이다. 유행어, 유행가에는 반복이라는 기술이 들어 있다.

스피치에서도 이러한 반복적인 효과가 참 크다. 우리가 어떠한 말을 반복적으로 하면 스피치가 더 짜임새가 있고, 듣는 사람으로 하여금 집중도를 높이는 효과가 있다. 반복학습이라는 것도 있지 않은가.

반복하다 보면 사람들은 점점 자신의 스피치에 빨려오게 되어 있다. 반복적인 표현의 기술 꼭 사용하기 바란다.

에이브러햄 링컨은 게티스버그 연설에서 우리에게 유명한 말을 남겼다.

"국민의, 국민에 의한, 국민을 위한 정부가 되겠습니다."

이 말이 유명해진 것은 내용이 좋기도 하지만 반복적인 표현의 승리라고 볼 수 있다. 국민이란 말을 세 번 반복하면서 이 정부가 국민의 정부라는 것을 강조한 것이다.

● ● 마틴 루터 킹, 나에게 꿈이 있다

미국 내 흑인인권운동을 한 마틴 루터 킹 목사님도 '나에게는 꿈이 있다'는 유명한 연설을 남겼다. 이 연설도 반복적인 표현의 힘이 무엇인지 제대로 보여주고 있다.

나에게는 꿈이 있습니다!

조지아 주의 붉은 언덕에서 노예의 후손들과 노예주인의 후손들이 형제처럼 손을 맞잡고 나란히 앉게 되는 꿈입니다!

나에게는 꿈이 있습니다!

이글거리는 불의와 억압이 존재하는 미시시피 주가 자유와 정의의 오아시스가 되는 꿈입니다!

나에게는 꿈이 있습니다!

내 아이들이 피부색을 기준으로 사람을 평가하지 않고 인격을 기준으로 사람을 평가하는 나라에서 살게 되는 꿈입니다!

나에게는 꿈이 있습니다!

지금은 지독한 인종차별주의자들과 주지사가 간섭이니 무효니 하는 말을 떠벌리고 있는 앨라배마 주에서 흑인 어린이들이 백인 어린이들과 형제자매처럼 손을 마주잡을 수 있는 날이 올 것이라는 꿈입니다.

마틴 루터 킹 목사

지금 나에게는 꿈이 있습니다!

골짜기마다 돋우어지고 산마다 낮아지며

고르지 않은 곳이 평탄케 되며 험한 곳이 평지가 될 것이요,

주님의 영광이 나타나고 모든 육체가 그것을 함께 보게 될 날이

있을 것이라는 꿈입니다.

반복적인 스피치 기술을 사용했던 링컨 대통령과 마틴 루터킹 목사님은 미국 사회의 가장 큰 문제인 노예해방과 흑인인권신장에 크게 기여했다.

반복적인 표현은 당신을 무대 공포로부터 해방시켜주고, 당신의 스피치 실력을 훨씬 더 높여줄 것이다.

18
청중을 동참시켜라

혼자 거울을 보며 말하는 것을 우리는 스피치라고 하지 않는다. 그것은 그냥 혼잣말이다. 우리가 말하는 스피치는 듣는 사람이 항상 존재한다. 내 얘기를 들어주는 친구에서부터, 강의실에 모인 청중, TV로 보고 있는 시청자, 라디오로 듣고 있는 청취자 등 모두가 청중이다.

스피치를 하는 사람은 청중을 배려해야 한다. 청중과 함께 하고 청중을 자신의 스피치에 동참시켜야 한다. 예전에는 '청중의 시선이 두려우면 청중을 그냥 호박이라고 생각해라' 라고 말하는 분들도 계셨지만 청중은 결코 호박이 아니다. 살아서 숨 쉬는 사람이다. 그들을 무시하기 보다는 함께 하는 것이 훨씬 즐거운 스피치가 된다.

청중과 함께 하는 것은 어려운 일이 아니다. 우리가 자주 쓰는 "여러분 박수 한 번 주세요."도 청중을 참여시키는 것이다. 그리고 "질문 있는 분 손들고 물어보세요." 도 청중과 함께하는 것이고, "여러분 점심시간 이후라서 피곤하신 거 같은데, 스트레칭 하는 시간을 갖겠습니다." 하는 이것 역시 청중과 함께 하는 것이다.

몸으로 표현하는 것 말고도 "여러분 5분간 자기 인생에 감사한 사람들에 대해 생각해보는 시간을 갖겠습니다."처럼 정신적으로 참여시키는 것도 동참시키는 것이다. 쉽게 말해서 청중과 함께 하는 모든 것이 다 청중을 동참시키는 것이다. 청중을 동참시키면 스피치에 더 집중하게 할 수 있다.

사람은 누구나 관심을 받고 싶어 한다. 관심을 받지 못하는 꽃이 빨리 시들듯이 청중 역시 관심을 받지 못하면 집중력이 시들어 버린다. 우리가 초등학교 다닐 때 운동장에서 교장선생님 훈화 말씀에 졸린 이유는 바로 교장선생님 혼자 떠들고 있기 때문이다. 학창시절 선생님이 칠판 앞에서 수업할 때는 졸리다가도 앞에 나와서 문제 풀라고 하면 자신이 걸릴까봐 불안해서 정신이 말똥말똥 하던 기억 하나쯤 있을 것이다.

나 감성은 이런 효과를 위해서 스피치 하는 중간에 무대로 내려가 청중과 인터뷰를 한다. '이름이 뭐냐? 어디에 사냐? 남자친구 있냐? 강의 중에 궁금한 게 있냐?' 등. 그렇게 하다 보면 한 명에게 물어봤는데도 나머지 100명의 사람들이 자기에게도 물어볼까봐 긴장하고 나에게 더 집중하게 된다.

청중의 관심에 대해 이야기하는 것도 청중을 참여시키는 한 방법이다. 때와 장소에 상관없이 늘 똑같은 멘트를 하는 사람이 있는데, 이는 청중을 전혀 고려하지 않는 것이다.

스피치 준비를 할 때에는 그곳에 모인 청중의 특징을 파악해 그들에게 어떤 얘기를 할지, 어떤 질문을 할지 준비해야 한다. 청중이 관심 있어 하는 것을 말하고, 박수 유도하고, 질문하고, 인터뷰하는 것은 당신의 스피치를 더 풍요롭게 해줄 것이다.

당신이 웃기는 이야기를 하면 청중은 웃어줄 것이고, 슬픈 이야기를 하면 울어줄 것이고, 성공한 얘기를 하면 박수를 쳐 줄 것이다.

스피치 할 때 청중과 함께 하는 것을 항상 잊지 마라.

● ● 오프라 윈프리쇼의 주인공은 오프라가 아니다

청중과 굉장히 잘 호흡하는 스피치 대통령이 있다. 바로 세계적인 토크쇼 여왕 오프라 윈프리이다. 〈오프라 윈프리 쇼〉를 보면 그녀가 게스트뿐만 아니라 청중과 호흡하는 모습을 쉽게 볼 수 있다.

카메라는 청중의 얼굴을 자주 비쳐주고, 오프라가 청중과 대화하는 시간도 많이 할애되어 있다. 인기스타들이 방청할 때도 일반 관객들과 함께 앉아서 쇼를 즐긴다. 그래서 그런지 마치 청중이 주인공이 된 것 같은 착각까지 들게 만든다.

그녀의 이러한 모습이 〈오프라 윈프리 쇼〉를 세계적인 쇼로 만들었다. 그녀는 또한 그녀의 쇼를 사랑하는 청중을 위해 값비싼 선물을 관객들에게 선물한다. 물론 협찬이긴 하지만 이 또한 관객에 대한 배려다.

한번은 방청객 276명에게 대당 3200만 원 상당의 GM 폰티액 자동차를 선물로 준 적도 있다. 이 날 주제는 '꿈은 이루어진다' 였는데, 그 주인공은 바로 청중들이었다. 그날 방송내용이다.

윈프리는 "여러분의 소원을 이뤄줄 수백만 달러의 선물이 기다리고 있다."는 충격적인 발언으로 토크쇼를 시작했다. 그는 곧이어 방청객 11명의 이름을 부르며 이들을 무대로 초대했다.
"여러분 모두 새 차를 기다리셨죠. 축하드립니다."
얼떨결에 불려나온 방청객들에게 주어진 것은 폰티액 자동차 열쇠였다. 순간 스튜디오 방청석에 앉아 있는 청중들은 경악했다. 이것도 잠시, 문제의 11명이 행운을 만끽할 사이도 없이 나머지 방청객들 모두에게도 작은 상자가 나눠졌다. 윈프리는 이 상자에 12번째 폰티액의 열쇠가 들어 있다고 알려줬다.

방청객들이 각자의 상자를 열었을 때 또다시 놀라운 일이 발생했다. 나머지 모든 상자에도 3000만 원이 넘는 스포츠 세단 열쇠가 들어 있었던 것이다. 생각도 못했던 선물에 방청객들은 너도 나도 아우성을 지르며 서로 껴안고 어쩔 줄을 몰라 했다.

"오, 맙소사. 믿을 수가 없어요."

감탄사가 여기저기서 터져 나왔다. 윈프리는 무대를 껑충껑충 뛰며 "모두가 한 대씩 받았습니다."는 말을 연달아 외쳐댔다.

'꿈은 이뤄진다' 라는 주제로 방송된 이날 토크쇼에 초대된 방청객들은 새 차를 선물로 받을 만한 사연의 주인공들이었다.

●● 대한민국 부흥강사 장경동 목사

우리나라에도 청중과 함께 하는 스피치 대통령이 있다. 언제나 스마일 재치 있는 입담과 유쾌한 강의로 대한민국을 웃기는 스타 강사 장경동 목사님이 그다. 장 목사님은 설교와 강의, 방송 출연에 주례, 출판까지 전국 방방곡곡을 누비는 만능엔터테이너이다. 이분을 특히 유명해지게 만든 것은 전국 교회를 다니면서 부흥집회를 했던 설교가 CBS방송에 나오면서 부터다.

장 목사님은 딱딱한 설교를 재미있고 알기 쉽게 풀어준다. 게다가 청중이 참여할 일들을 많이 만든다. 성경말씀을 같이 읽어 보자고도 하고, 자기가 한 얘기를 따라 해보라고도 한다. 보기를 들어주고 청중에게 그중에 하나 골라서 손들어 보라고도 한다. 이렇게 설교를 하다 보니 장 목사님 설교 때 자는 사람은 하나도 없다.

>전도서 3장 11절을 보세요. 같이 읽겠습니다. 시작
>'하나님이 모든 것을 지으시되. 때를 따라 아름답게 하셨고 또,
>사람에게는 영원을 사모하는 마음을 주셨다.'
>사람에게는 무엇을 사모하는 마음을 주셨다고 했죠? 영원
>따라하세요. '사람의 마음속에는 영원을 사모하는 마음이 있다.'
>천국에 갈 확신이 있는 사람들 손들어 보세요?

이러한 일을 단순히 교회이기 때문에 가능하다고 생각하지 마라. 이런 것을 응용하면 얼마든지 일반 모임에서도 사용할 수 있다. 프린트나 현수막에 있는 글씨를 다 같이 읽어 보자고 하고, 좋은 명언 하나를 알려주면서 같이 따라해 보라고 하고 상황을 주고 보기에서 고르는 성격테스트 해도 좋다. 이런 방법으로 얼마든지 청중을 참여시킬 수가 있다.

기억하라. 청중이 없다면 스피치도 없다.

Speech Tip

| 청중을 끌어들이는 비법 7가지

1. 박수 유도를 한다.

2. 청중에게 질문을 한다.

3. 청중과 직접 인터뷰를 한다.

4. 청중에게 줄 선물을 준비한다.

5. 퀴즈게임을 준비한다.

6. 청중과 공통 관심사에 대하여 얘기를 한다.

7. 다 같이 할 수 있는 스트레칭이나 간단한 게임을 준비한다.

19
유머를 사용하라

유머 있는 사람을 싫어하는 사람은 없다.

인간은 유일하게 웃을 수 있는 동물이기 때문에 그 웃음을 만들어 주는 유머 있는 사람을 좋아한다. 혹시 유머 있는 사람이 폭소를 빵빵 터지게 하는 사람이라고 생각하는 사람이 있는데 그런 것은 아니다. 유머는 상대방의 얼굴에 미소를 만들어 주고, 분위기를 부드럽게 만들어 주는 것만으로도 충분하다.

요즘 방송가를 주름 잡는 정상급 MC들 중엔 개그맨 출신이 많다. 유재석, 강호동, 김용만, 신동엽, 이휘재 모두 개그맨 출신이다. 이들이 사랑 받는 이유는 다 유머감각 때문이다.

유머에 관한 특별한 공식은 없다. 일단 유머 감각이 완전 바닥이라면 이것부터 시작해보라. 재미있는 이야깃거리를 많이 알아두자. 유머책에 있는 유머도 외우고, 방송MC들이 하는 재미있는 멘트도 외우고, 영화에서 나오는 조크들도 많이 외워둬라. 나 감성은 재미있는 멘트는 노트에 기록해서 다음에 비슷한 상황이 되면 꼭 쓰려고 노력한다.

나 감성이가 예전에 본 〈리셀웨폰〉이란 영화에서 이런 대사가 나온다.

대 니 : 오늘 저녁은 내가 집에서 맛있는 요리를 해주지.
자네 내 요리 먹어 본 적 없지?
멜깁슨 : 어, 다행히도 아직까지는……

나 감성은 이 대사가 재미있어 적어 놨다가 나중에 친구가 요리해준다 했을 때 써 먹었다.

멘트는 한두 번만 사용하게 되면 완전한 내 것이 된다. 여기에서 좀 더 수준이 올라가게 되면 그러한 멘트나 얘기를 조금 각색해서 더 재미있는 얘기로 꾸미면 된다. 하지만 유머도 때와 장소에 따라 잘 사용해야 한다는 것을 명심하라. 예를 들어 이런 조크를 한다고 생각해보자.

어떤 신사가 술집 앞에서 투덜거리고 있었다.

"에이, 정치인은 다 거지 같은 놈들이야!"

옆에서 조용히 술을 마시고 있던 깔끔하게 차려 입은 신사가,

"그 말 당장 취소하쇼! 안 그러면 나 화낼 거요."라고 말하자

"어이구, 죄송합니다! 그런데 혹시 정치인이십니까?"

"아니오, 나는 거지요!"

정치인들을 비꼬는 이런 유머를 일반사람들에게 하면 모두 좋아하겠지만 정치인들 앞에서 하게 되면 입장이 곤란해진다. 따라서 유머를 할 때도 상황에 맞는 유머를 준비해가는 것이 필요하다.

●● 유머가 처칠을 만들었다!!!

영국인들은 가장 위대한 영국인으로 '처칠'을 꼽는다. 처칠이 영국인들로부터 많은 사랑을 받는 까닭은 탁월한 유머감각이 일조를 했다고 볼 수 있다. 그의 일화다.

윈스턴 처칠 전 영국 총리가 정계은퇴 이후 80세를 넘겨 한 파티에 참석했을 때의 일이다. 어느 부인이 반가움을 표시하면서 그에

게 이런 짓궂은 질문을 했다.

"어머, 총리님! '남대문' 이 열렸어요. 어떻게 해결하실 거죠?"

그러자 처칠은,

"굳이 해결하지 않아도 별 문제가 없을 겁니다. 이미 '죽은 새' 는 새장 문이 열렸다고 밖으로 나올 수가 없으니까요."라고 말했다.

이렇게 처칠은 조크를 통해서 위기를 모면했을 뿐만 아니라 많은 사람들로 하여금 폭소를 자아내게 했다.

- 처칠의 남대문 일화

그가 하원의원에 처음 출마했을 때 상대 후보가 그를 맹렬하게 공격했다.

"처칠! 당신은 늦잠 자는 게으른 사람이야!"

처칠은 전혀 동요하지 않고 대수롭지 않은 일처럼 응수했다.

"나처럼 예쁜 마누라를 데리고 산다면 당신들도 일찍 일어날 수 없을 거에요."

결국 처칠은 선거에서 압도적인 표 차이로 당선되었다.

- 처칠의 아내자랑 일화

● ● 하나님 뜻은 무슨? 김대중을 살려달라고 기도해야지

유머 있는 정치인은 외국에만 있는 것은 아니다. 우리나라 대통령 중에도 있다. 김대중 대통령이 그다. 김대중 대통령은 역대 대통령 중 가장 유머감각이 뛰어난 인물로 평가받고 있다.

김 대통령은 방송에서 아내에게 가장 섭섭할 때가 "사형선고를 받아 옥중에 있을 때 아내가 '김대중을 살려 달라'고 기도하는 게 아니라 '하나님 뜻에 따르겠다'고 기도하는 것을 봤을 때다."라고 말해 폭소를 자아냈다.

또 개그맨 심현섭이 자신의 성대모사로 인기를 얻고 있는데 대해 "나를 흉내 내서 돈을 많이 벌었으면서도 로열티도 내지 않고 과일상자 하나 안 보냈어요."라고 조크를 던지기도 했다.

1997년 대선 당시 한 반공단체 초청 토론회가 끝난 뒤 김 대통령은 '원색적인 공격을 받고도 흥분하지 않고 비교적 답변을 잘하던데 비결이라도 있느냐?'는 기자들의 질문에 "수십 년 동안 고생해서 얻은 노하우인데 절대 안 알려 준다."고 답해 웃음을 자아냈다.

유머가 잘 된다면 대인관계, 이성관계, 직장문제까지도 예전보다 훨씬 더 좋아질 것이다. 유머는 그러한 힘이 있다. 유머로 스피치에 날개를 달아보자.

Speech Tip

| 유머 감각을 키우는 방법 10가지

1. 개그프로그램을 시청한다.

2. 유머를 스크랩하고 외우자.

3. 코미디 영화를 많이 봐라.

4. 나부터 잘 웃자.

5. 외운 조크를 남 앞에서 해봐라

6. 다양한 사람들을 많이 만나라.

7. 생활 속에 재미난 상황을 얘깃거리로 만들어라

8. 스스로 유머 있는 사람이라 생각하라

9. 지하철이나 거리에서 사람들을 관찰하라

10. 유머를 즐겨라

20
때론 짧고 강하게 말하라

권투에서 잽을 많이 맞아 게임이 불리하던 선수가 어퍼컷 한 방에 상대방을 다운시키는 모습을 본 적이 있다.

이처럼 온갖 에너지를 한 곳에 집중시켜 날리는 일격필살의 강펀치는 무한한 파워를 발휘한다.

스피치도 임팩트 없는 긴 말보다 기억에 남을 만한 강력한 한 마디가 더 힘이 있다. 이러한 기술은 말하는 사람의 '카리스마' 또는 '커리어' 가 중요하다. 말이 짧은 만큼 짧은 시간에 큰 감동을 주려면 카리스마로 청중을 사로잡아야 한다. 모두가 다 알만한 훌륭한 커리어가 있다면 그 사람에 대한 청중의 배경지식이 있기 때문에 서론 없이 필요한 결론만 강하게 얘기해도 효과가 있는 것이다.

짧고 강하게 말하라고 하니까 어떻게 보면 굉장히 쉬운 스피치라고 생각하기 쉽다. 하지만 그렇지 않다. 짧게 말하기 때문에 스피치에 대한 기본기가 탄탄한 사람이 해야 한다. 표정, 제스쳐, 시선처리, 목소리톤 등 완벽한 사람만이 이 기술을 써야 한다. 짧고 강하게 말하는 스피치 대통령을 만나보자.

● ● 절대 포기하지 마라! 3번 외치고 강연 끝낸 처칠

영국의 위대한 정치가 윈스턴 처칠이 하루는 한 대학의 졸업식에서 3분에서 4분 정도의 졸업연설을 부탁 받았다. 처칠은 며칠 동안 그 짧은 시간 동안에 어떤 연설을 해야, 그 젊은이들에게 꿈과 희망을 심어줄까 고민을 했다. 드디어 졸업식 날이 되었다.

졸업식에는 수많은 사람들이 참석했고 수많은 사람들이 영국의 위대한 정치가 처칠의 연설을 기대하는 눈빛으로 기다렸다

처칠은 천천히 강단으로 올라와 아무 말도 없이 한동안 청중(졸업생들)을 바라보고 있었다. 청중들은 조용한 분위기 속에 처칠이 빨리 연설하기를 바라며 목 빠지게 기다렸다.

처칠은 아주 작은 목소리로

"You, Never give up!"

'절대 포기 하지 마라!' 라고 말했다.

그리고 잠시의 뜸을 들인 후에 좀 더 큰 목소리로,

"You, Never give up!"

'절대 포기 하지 마라!' 라고 말했다

그리고 다시 잠시의 뜸을 들인 후에 이번에는 아주 큰 목소리로,

"You !, Never give up !!"

'절대 포기 하지 마라!' 라고 외치고 강단에서 내려왔다.

이 짧은 연설에 그 자리에 앉아 있던 사람들 모두 기립박수를 보냈다. 그 어떤 긴 말보다 '절대 포기 하지 마라!' 라는 이 한마디가 사회에 나가는 두려움 가득한 젊은이들에게 큰 감동으로 다가왔던 것이다.

주제가 '때론 짧고 강하게 말하라' 이므로 더 이상 긴 얘기 하지 않겠다. 때론 짧고 강하게 말해보라. 새로운 느낌을 받을 것이다.

21
극단적 표현을 하라

극단적표현을 비유법과 비슷하다고 생각하겠지만 비유법 보다는 표현이 좀 더 극단적이다. 어렵게 생각할 수 있겠지만 그렇지 않다. 우리는 늘상 극단적 표현을 하면서 살고 있다. '배고파 죽겠어.' '더워 죽겠어.' '짜증나 죽겠어.' 란 말이 그러하다. 하지만 이러한 표현을 쓰는 사람들 중 실제로 배가 고파서, 더워서, 짜증나서 죽은 사람은 드물다. 우리는 몹시 배가 고프다는 표현으로 '배고파 죽겠어'라고 한다. 이처럼 극단적 표현을 쓰면 말의 힘이 강력해진다. 총으로 쏘다가 갑자기 핵폭탄을 날리는 효과가 있다. 게다가 사람들은 당신의 이야기에 집중하게 되고, 재미있어 하기도 한다. 하지만 극단적 표현의 단점은 너무 과장되서 말이 안된다는 것이다.

●● 독설과 막말로 나가는 신해철과 김구라

　신해철과 김구라는 방송, 연예계에서 극단적 표현으로 유명하다. 두 사람은 '독설'과 '막말'이라는 다소 부정적인 의미의 아이콘으로 구축됐다. 하지만 두 사람이 하는 독설과 막말은 비교적 논리적이고 설득력 있는 언변을 바탕에 깔고 있기에 비판과 쓴소리 성격이 더 강하다.

　두 사람은 특히 상당수 연예인들이 입장을 표명하기 꺼려하는 정치, 사회문제에 대해 거침없는 직설적 화법으로 이야기를 한다. 동종업체라고 할 수 있는 연예계의 문제에 대해서도 연예인으로서는 보기 드물게 과감하게 지적하는 것이 눈에 띈다. 이러한 모습이 시청자에게 시원한 카타르시스를 준다.

　물론 두 사람의 독설과 막말에는 설득력의 상실, 논리적 비약, 출연 상대방에 대한 지나친 비방과 약점 건드리기 등 적지 않은 문제점도 동시에 드러내고 있다. 그럼에도 불구하고 이들이 방송계의 새로운 아이콘이 된 것은 극단적 표현 덕분이다. 그동안 이들이 보여줬던 극단적 표현을 모아봤다.

> 　신해철은 자신이 진행하는 인터넷 라디오 방송 '고스트 스테이션'에서 인수위의 영어 공교육화 정책은 반민주적인 작태라며 강도 높게 비난하면서 이렇게 말했다.

신해철

"영어 공교육 강화 방안은 반민주적인 작태이고 영어를 쓰지 않는 사람들에게까지 영어를 강요하겠다는 것"이라며 "차라리 미국의 51번째 주가 되든지, 아니면 호주와 캐나다와 함께 영연방으로 들어가라. 자진해서 식민지가 돼라."고 말했다.

그는 "나라를 어떻게 만들려고 이 새대가리들이"라며 "정치인들이 먼저 국무회의에서 영어로 토론하고 나서 우리에게 영어교육을 시키겠다는 말을 해라. 국회에서 반드시 영어로 토론해서 이렇게 할 것인지 표결에 부쳐야 한다."고 강력하게 꼬집었다.

막말구라라는 닉네임처럼 김구라 씨도 극단적 표현을 수 없이 해왔다.

미국산 소고기 문제로 시끄러울 때 김구라는 "우리나라 국교를 (소를 먹지 않는) 힌두교로 바꾸자"는 농담을 했다.

김구라 씨의 이명박 정부 100일을 빗댄 표현도 극단적이다. 김구라는 "아기가 태어나 100일 잔치를 하려고 그랬더니 애가 100일 밖에 안됐는데 무슨 고혈압에 당뇨에… 애가 이런 거야."라면서 "그러니까 100일 정도면 (아기답게) 수두나 장염 정도 돼야 하는데 총체적 난국인 거야."라고 말했다.

대운하와 관련해서도 김구라 씨는 "국민의 50~70%까지도 하지 말았으면 좋겠다. 그렇게 얘기하는데 자꾸 한다 했다 안 한다 했다 바꿔서 4대강 어쩌고 한다."며 꼬집고 "그러니까 내가 마치 결혼정보회사에 가서 선을 봤단 말이야. 나는 이 여자가 싫다고 그랬어. 그럼 다른 여자로 바꿔줘야 하는 거 아니냐고… 근데 또 들어 왔어. 가발만 씌워서 또 들어왔단 말이야. 봤는데 '그 여자 아니야? 바꿔주세요.' 했단 말이야. 근데 또 들어왔어. 옷만 또 다르게 입혀놔서…"라는 날카로운 극단적 비유로 폭소를 자아냈다.

● ● 감성의 극단적 인터뷰

나 감성 또한 극단적 표현법을 써서 인터뷰를 한 적이 있다.

"요즘 미국산 쇠고기 수입 문제 등 워낙 불안하고 힘들다보니 서민들은 도대체 웃을래야 웃을 수가 없는 것 같아요. 코미디언들이 서민들을 웃기기 너무 힘들어요. 코미디언들이 정부를 상대로 집단소송이라도 해야 하는 것 아닌지 모르겠어요."

"국민들이 언제 값싼 쇠고기 먹고 싶다고 했습니까? 미국산 쇠고기 때문에 불안해서 서민들이 돼지고기를 찾다보니 삼겹살 값 오르고, 그래서 서민들은 삼겹살마저 못 먹게 될 형편입니다. 이러다가 국민 모두 채식주의자가 되겠어요."

영어 교육 문제에 대해서도 비판했다.

"인성교육이 더 중요한 것 아닌가요? 인성교육 제대로 못 받은 아이들이 칭찬할 줄도 모르고, 배려할 줄도 몰라서 나중에는 '칭찬 학원' '배려 학원' 마저 생길 수도 있습니다. 그런 학원에서 따로 배워야 할지도……"

감성

　극단적 표현법은 파급효과가 커서 신문 헤드라인으로 많이 쓰인다. 극단적 표현은 기억에 오래 남고 관심을 갖게 하기 때문이다. 어떻게 보면 신해철, 김구라는 신문기자들이 가장 좋아하는 연예인인지도 모른다.
　어쨌든 기억하라.
　극단적 표현법은 당신의 스피치를 강하게 만들어 준다는 사실을.

22
상대방의 말을 받아쳐라

 탁구경기를 보면 상대방이 드라이브로 강하게 넘긴 공을 더 강한 드라이브로 다시 넘기는 장면을 쉽게 볼 수 있다.

 그걸 보면서 어떻게 저런 공을 받을 수 있을까 정말 대단하다는 생각을 하기도 했다. 실제로 탁구를 치다보면 맞 드라이브 걸 때 묘한 쾌감을 느낀다. 이처럼 스피치에서도 상대의 말을 받아칠 때 굉장한 희열을 느낀다.

 스피치에서 상대의 말을 받아치는 것은 정말 멋진 기술이다. 이는 스피치 고수들이 많이 쓰는 방법이다. 이 화술은 상대방을 한순간에 바보로 만들 수도 있다. 그래서 토론형식의 대화에서 많이 쓰인다.

 상대의 말을 받아치기 위해서는 지식보다는 지혜가 필요하다. 순발력과 센스에 여유까지 있어야 한다. 이 기술이 스피치대통령 최고경지의 과정이라 할 수 있다. 이 기술은 단순히 노력만 가지고 되는 것이 아니기 때문이다. 이런 능력은 거의 타고 나야 가능하다.

상대의 말을 잘 받아치는 스피치대통령들의 일화다.

●● 링컨, 내가 왜 못생긴 얼굴로 나왔겠는가

링컨이 상원의원 선거에 입후보해 더글라스와 라이벌이 되어 한 판 피할 수 없는 승부를 겨루게 되었을 때의 일이다.

> 어느 날 두 사람은 합동으로 선거유세를 하게 됐다. 먼저 더글라스가 연단에 올라가 "링컨이 예전에 사람들에게 술을 팔았다."고 열띤 목소리로 링컨을 신랄하게 깎아 내렸다.
> 링컨이 연단에 올라 말했다.
> "그분이 지적한 것은 조금도 거짓 없는 사실 그대로입니다. 그러나 본인이 그 식료품점을 경영하던 당시의 가장 충실한 고객은 더글라스 후보였다는 사실을 분명히 밝히는 바입니다. 또한 현재 본 후보는 그 장사를 걷어 치웠음에도 불구하고 그분은 아직도 성실

한 고객으로 남아 있습니다."

통렬한 반박이었다. 술을 파는 것이 잘못이라면 그 술을 사먹는 것도 당연히 잘못인 것이다. 더글라스는 얼굴이 벌겋게 달아올랐다. 더글라스는 약삭빠르게 화제를 돌려 다시 링컨을 향해 "두 얼굴을 가진 이중인격자"라는 인신공격을 퍼부어댔다.

링컨은 차분한 음성으로 "더글라스 후보께서 저를 두고 두 얼굴을 가진 이중인격자라고 하셨습니다만 여러분들께서 잘 생각해 보십시오. 만일 제가 또 하나의 얼굴을 가지고 있는 것이 틀림없다면 하필이면 오늘같이 중요한 날 제가 왜 이 못생긴 얼굴을 하고 나왔겠습니까?"라고 응수했다.

사람들은 박장대소했다. 링컨의 얼굴이 못생겼다는 것은 모두들 알고 있는 사실이었다. 링컨은 상대가 했던 말을 그대로 받아쳤다. 이러한 그의 화술은 결국 그를 대통령으로 만들었다.

● ● 레이건, 나이를 문제 삼지 않겠다

레이건 대통령 또한 말 받아치는데 선수다. 재선에 나선 레이건 대통령이 민주당의 젊은 후보 먼데일로부터 나이가 많다고 공격을 받고 되받아친 말이다.

먼데일 : 레이건후보께서는 대통령직을 수행하기에 너무 나이가
많다고 생각하지 않습니까?

레이건 : 나는 이번 선거에서 나이를 문제 삼지 않기로 했습니다.

먼데일 : 그게 무슨 말이죠?

레이건 : 당신이 젊고, 경험이 부족하다는 사실을 정치적 목적으
로 이용하지 않겠다는 뜻입니다.

레이건은 이 말을 하고 난 직후 박수도 많이 받았지만 당시 지지율이 상당히

레이건

상승했다. 적절한 말 한마디의 효과가 얼마나 중요한 것인지 잘 알 수 있다.

우리나라에서도 비슷한 사례가 있었다. 과거 김대중 후보와 이회창 후보가 TV토론을 벌일 때 이회창 후보가 김대중 후보에게 이렇게 물었다.

"김대중 후보께서는 대통령직을 수행하시기에 너무 나이가 많은 것 아닙니까?"

김대중 대통령의 답이 재미있다.

"그렇게 말하는 후보도 결코 적은 나이 아닙니다."

결국 지혜롭게 상대의 말을 잘 받아친 김대중 후보가 TV토론 후 인기가 급상승해서 대통령에 당선되었다.

상대의 말을 잘 받아쳐라. 그럼 당신도 대통령이 될 수 있다. 스피치 대통령!

chapter 4

스피치대통령 5단계 상황별 스피치

01
1대1 대화법

　강당이나 무대에 서서 이야기하는 것도 중요하다. 하지만 우리가 살아가면서 더 자주 많이 부딪히는 것이 바로 1대1 대화이다. 1대1 대화가 익숙하지 않은 사람들은 대인관계에 문제가 생긴다. 친구를 제대로 사귀지 못하고, 애인을 만들기도 힘들고, 직장상사와도 많은 갈등을 겪게 된다.

　1대1 대화는 실생활에서 많이 쓰인다. 쉽게 말하자면 친구에게 보험을 들라고 얘기하는 것, 선생님의 학생상담, 자녀와의 대화, 맞선자리 대화, 시어머니와 며느리의 대화 등 이 모두가 1대1 대화다.

　1대1 대화는 일단 부드럽고 편안하게 하는 것이 중요하다. 여기에 네 가지만 더 기억하면 된다. 경청, 칭찬, 맞장구, 좋은 질문을 하는 것이다. 이 네 가지만 확실히 실천해도 당신은 1대1 스피치에 자신감이 생길 것이다.

● ● 왜 사람은 귀가 두 개이고 입이 하나일까

히어링(Hearing)은 귀에 들려오는 소리를 듣고 무심히 흘려보내는 수동적 듣기이다. 리스닝(Listening)은 의식을 집중해 정보를 모은 뒤 이를 분석해 뇌로 보내는 능동적 듣기다.

상대방과 대화를 할 때는 능동적 듣기인 리스닝을 해야 한다. 훌륭한 화자가 되기 위해서는 먼저 훌륭한 경청자가 되어야 한다. 주의 깊게 들어야 말할 차례가 왔을 때 더 잘 응대할 수 있고, 말을 더 잘 할 수 있다. 그래야 맞장구도 치고, 또 좋은 질문도 할 수 있는 것이다.

사람은 누구나 자신이 소중한 대우를 받기를 원하고 자신의 얘기를 누군가 들어주기를 원한다. 그 때문에 이야기를 잘 들어주는 사람을 좋아하게 되는 것이다.

북미 인디언 이로코이족은 회의를 할 때 원으로 빙 둘러앉아 한 사람씩 '토킹스틱(Talking Stick)'을 사용했다.

토킹스틱은 대머리 독수리가 정교하게 새겨진 1.5m짜리 지팡이를 말한다. 지팡이를 가진 사람만이 발언할 수 있으며, 말하는 동안에는 그 누구도 끼어들 수 없다. 발언자는 자신의 뜻을 모든 사람이 정확하게 이해했는지 재차 확인을 하고, 다음 사람에게 지팡이를 넘겨준다.

   그렇게 한 사람씩 돌아가며 의견을 말하고 듣는 가운데 놀라운 일이 벌어진다. 부정적인 감정과 논쟁은 사라지고 창의적인 아이디어가 생겨나는 것이다. 이것이 바로 토킹스틱의 힘, 경청의 힘이다.

   대담의 황제로 불리는 래리킹의 성공 비결은 상대의 말을 잘 듣는 데 있다. 그는 '대화의 제 1규칙은 경청' 이라고 말한다. 당신이 타인의 말에 귀 기울이지 않으면 그들도 당신의 말에 귀 기울이지 않는다.

| 경청의 5가지 원칙

1. 열린 마음으로 듣는다.
2. 상대방의 얘기에 집중한다.
3. 이야기를 재촉하지 않는다.
4. 때로는 아는 것도 모르는 척 한다.
5. 상대가 말을 끝마칠 때까지 기다린다.

최고의 MC 임성훈 씨는 "좋은 MC가 되려면 출연자에 대한 배려와 빠른 상황 판단 그리고 상대방 말을 경청하는 자세를 지녀야 한다. 그리고 MC는 말을 잘 하려고 하기보다는 나온 사람이 잘 보여지도록 만들어야 한다. 그게 시청자들이 원하는 바다."라고 말했다.

사람의 귀가 2개이고 입이 하나인 이유는 남의 말을 더 많이 들으라는 뜻이 아니겠는가.

● ● 칭찬은 고래도 춤추게 한다

'칭찬은 고래도 춤추게 한다.'는 말이 있다. 나 감성은 한술 더 떠 '칭찬은 낙타도 바늘귀에 들어가게 한다' 라고 말하고 싶다.

칭찬은 불가능을 가능으로 만드는 엄청난 힘이 있다. "잘생겼다. 앞으로 성공하겠다. 건강해 보여요." 이런 얘기를 듣고 화낼 사람은 그 어디에도 없다.

우리나라 사람들은 특히 칭찬에 인색한 문화이기 때문에 칭찬이 어색하겠지만 반대로 생각해보면 그래서 더욱 칭찬을 해야 하는 것이다.

1대1 대화에서도 상대방에게 칭찬을 하게 되면 상대방은 기분이 좋아지게 되고, 자신을 알아주는 당신에게 강한 호감을 느끼게 된다. 특히 초면의 경우 칭찬만큼 스피치에 강한 무기가 없다. 칭찬이야말로 하는 사람도 기분 좋고, 받는 사람도 기분이 좋은 일이다.

　나 감성은 라디오 진행할 때 게스트들이 오면 많은 칭찬을 한다. 그러다 보면 상대방이 기분이 좋아져서 방송이 재미있게 된다. 특히 칭찬은 방송 경험이 없는 신인들에게는 청심환보다도 더 큰 효과가 있다.

　그렇다면 칭찬을 어떻게 해야 할까? 아무리 상대방에게 칭찬할 점이 없다 하더라도 **사소한 것 하나까지도 칭찬 할 줄 알아야 한다.** 얼굴이 잘 생기지 않았다면 옷 스타일을 칭찬하고, 옷도 잘 못 입는다면 성격을 칭찬하면 된다.

　상대방에게서 칭찬할 것을 찾았다면 단둘이 있을 때 칭찬하는 것도 좋지만 많은 사람들 앞에서 **공개적으로 칭찬하는 것이 좋다. 그리고 칭찬 할 때는 좀 더 구체적으로 칭찬을 해야한다.** 즉 "옷을 잘 입으시네요."로 칭찬을 끝내지 말고 구체적으로 "야, 오늘 청바지에 하얀 티셔츠 너무 잘 어울려요. 이런 스타일이 평범해 보이지만 아무나 소화하기 힘든 건데. 오늘 전지현 씨보다 더 예뻐요."라고 칭찬을 해야 상대방이 이 사람이 정말 자신을 칭찬한다고 느낀다.

　칭찬을 할 때에는 **진실한 마음을 담아서 해라.** 상대방의 20%의 단점보다 80% 장점을 찾아 칭찬하는 사람이 되어라. 그리하면 모든 사람이 당신과 얘기를 하고 싶어 줄을 설 것이다.

●● 얼쑤~ 맞장구를 쳐라

판소리에는 추임새라는 것이 있다. 추임새란 명창이 창을 할 때 고수가 창을 하는 사람의 흥을 돋우기 위해 '좋다' '좋지' '으이구' '얼씨구' '흥' 등 감탄사를 연발하는 것을 말한다. 창을 할 때 만약 고수의 추임새가 없다면 훌륭한 명창의 창이라고 해도 뭔가 심심할 것이다. 이 판소리의 추임새가 스피치에서 말하는 맞장구로 보면 된다.

연기에서도 배우의 액션이 중요하지만 어떻게 보면 상대 배우의 리액션이 더 중요하다. 이러한 상대 배우의 리액션도 맞장구다.

많은 스피치 강사들이 사용하는 대화법 메뉴에 '1·2·3 대화 법칙'이라는 것이 있다. 한 번 말하고 두 번 듣고 세 번 맞장구치라는 뜻이다. 그만큼 맞장구라는 것은 1대1 스피치에서 굉장히 중요하다.

상대방이 얘기를 할 때는 온몸으로 들어야 한다. 몸을 상대방 쪽으로 기울이는 것은 맞장구의 기본이다. 이러한 모습이 '난 당신의 얘기를 들을 준비가 됐어요.'란 표현이다. 상대가 이야기를 할 때 "그래서. 야 놀랐겠네! 정말! 대단하다!" 등의 표현들이 난 당신의 얘기를 잘 듣고 있다는 표현이다. 여기서 더 나아가 상대방이 얘기할 때 박수를 치거나, 웃거나 우는 것, 관련된 질문하는 것 그리고 '나도 비슷한 경험이 있어' 하고 자신의 이야기를 이어가는 것들은 적극적인 맞장구다.

방송에서도 게스트가 말을 할 때 맞장구를 잘 쳐주는 MC들이 사랑을 받는다. 그 대표적인 사람이 바로 유재석, 강호동이다. 이들은 게스트가 말을 할 때 잘 웃고 현란한 감탄사를 뿜어낸다. 그런 까닭에 게스트가 흥이 나서 자신도 모르게 더 오버해서 이야기하다 보니 프로가 더욱 재미있어지는 것이다.

성공하고 싶다면 사람들과 맞장 뜰 생각하지 말고 맞장구 쳐줄 생각을 하라.

● ● 좋은 질문을 하라

학창시절 선생님에게 질문을 잘 하던 친구가 있었다. 선생님은 그 친구의 이름을 잘 기억했다. 선생님은 50명의 아이들에게 수업을 하다가 질문을 받은 그 순간만큼은 그 친구만을 위해 이야기를 했다. 좋은 질문은 상대에게 당신을 기억하게 만든다. 상대방이 말을 잘하고 이끌어 가는 사람이라면 맞장구만으로도 충분하다. 그렇지 않다면 적절한 질문을 통해 좀 더 깊이 있고 긴 얘기를 나눌 수 있도록 유도해야 한다. 질문을 통해서 상대방의 이야기를 끌어내는 것이다. 이때 질문은 상대방이 잘 알고 대답하기 편안한 것으로 물어보는 것이 좋다.

처음 만난 사람이라면 가벼운 얘기가 좋다. 날씨 얘기나 사는 곳, 하는 일 등의 얘기로 질문을 시작해서 좀 더 다양한 이야기로 발전시켜 나가면 된다.

감성 : 오늘 날씨 좋죠?

승희 : 예, 너무 좋아요.

감성 : 이런 날 데이트하면 참 좋은데. 애인 있어요?

승희 : 없어요.

감성 : 그래요, 남자들이 보는 눈이 없나보네. 어떤 남자 좋아하세요?

승희 : 자상하고, 자기 일에 열심인 남자요.

감성 : 외모는 안 보나 봐요?

승희 : 좀 봐요. 그냥 느낌이 좋은 남자가 좋아요.

감성 : 연예인으로 말하면 어떤 스타일 좋아해요?

승희 : 이준기 씨요.

감성 : 이준기 씨 좋아하는 것 보니 영화를 좋아하시나 봐요?

질문을 할 때에는 '예' '아니오'로 대답하는 질문보다는 주관적인 답이 나오게 하는 질문이 좋다. "이별의 아픔이 힘들다고 하던데, 처음 이별 했을 때 힘드셨죠?"라는 질문보다는 "처음 이별의 아픔을 겪은 게 언제인가요? 그때 마음이 어땠나요?"라고 물어보는 것이 대화를 더 아름답게 만든다.

02
세일즈 화법

●● 공감대를 찾아라

고객의 취미나 좋아하는 음식, 출신지 등 비즈니스 이외의 이야기로 상대방과의 공감대를 찾는 것이 좋다. 만약 고객이 당신과 공통되는 부분이 있으면 고객은 흥미를 가질 것이다.

예를 들어 고객이 축구공을 들고 왔다면 "축구 좋아하세요? 저도 아침마다 조기 축구하거든요.", 고객이 아이와 왔을때 "아이가 초등학생인가 보네요. 저도 초등학교 다니는 아이가 있어요."라는 식으로 공통되는 점이 있으면 고객은 더 이상 거부감을 느끼지 않을 것이다. 그리고 당신의 얘기에 더 귀를 기울일 것이다.

●● 세일즈에도 3가지 화법이 있다

■ 예스 앤 스피치 화법(Yes and Speech)

고객이 "이 제품은 너무 비싸군요."라고 말한다면 일단 고객의 말을 인정하라. "예 비쌉니다. 그래서 더 제품이 좋아요. 비싼 값을 합니다."라고 말하는 화법이다. 이러한 화법을 'Yes and Speech 화법'이라 부른다. 이처럼 고객의 의견을 인정하면 고객은 당신을 더 신뢰하게 된다.

■ 코러스(chorus) 화법

고객이 "이 보험에 가입할 만큼 여력이 없어요."라고 말한다면 당신은 노래방의 코러스 처럼 고객의 말을 따라서 해주고 당신의 할 얘기로 넘어가라. "보험에 가입할 여력이 없으시군요. 그럴수록 더더욱 나중에 큰돈 안 나가게 미리 대비하셔야죠." 이렇게 고객의 이야기를 한 번 더 얘기 해주고 당신이 하고 싶은 이야기로 받아쳐라.

■ 이프(if) 화법

고객이 제품의 구매를 망설이는 상황이라면 당신이 '만약'을 넣어서 질문하는 방식이다. "만약에 구입하신다면 드럼세탁기가 좋으신가요? 일반 세탁기가 좋으신가요?" 이렇게 물어보면 고객은 대답을 하게 되고 자연스럽게 구매 쪽으로 방향을 잡는다.

패스트푸드점에 가서 햄버거 하나 달라고 해도 점원은 꼭 물어본다. "콜라나 다른 음료는 어떤 것으로 하시겠습니까?"라고. 그러면 자신은 콜라 생각까지는 없었는데 콜라도 선택해 버리는 경우가 많이 있다.

● ● 내 얘기에 관심 없는 고객에겐 변칙적 방법을 써라

당신이 말하는데 고객이 눈을 마주치지 않는다. 시계만 쳐다보며 아무런 생각 없이 고개만 끄덕이면서 딴청을 피운다. 그러면 당신은 당황스러울 것이다. 이럴 때는 굳이 그 상황에서 마무리 지을 생각을 하지 말고 기회를 다음으로 미뤄라. "다른 매장도 돌아 보시구요. 생각나시면 다시 들러주세요." 하며 혹 당신이 고객의 연락처를 알고 있다면 다음에 다시 전화해서 이야기하는 것이 좋다.

당신이 남자직원(여자직원)이면 당신 대신 여자직원(남자직원)이 고객을 상대해도 좋다. 또는 스피치하는 장소를 바꿔 주는 것도 큰 효과가 있다. 많은 사람이 있는 곳에서 얘기했다면 둘이 이야기할 수 있는 조용한 곳으로 옮겨라.

03
사회자 화법

살다보면 남 앞에서 사회 볼 기회가 생긴다.

결혼식 사회, 회사 세미나 사회를 볼 일이 있다면 무조건 도전해라.

사회 보는 것을 두려워하지 마라. 남 앞에 서면 웃겨야 한다는 생각도 버려라. 웃기지 않더라도 행사진행이 부드럽게 되도록 이끌어 주는 것만으로도 사회를 잘 보는 것이다. 보통 행사장에서는 개그맨들이 사회를 많이 보지만 아나운서들도 사회를 많이 보는 이유가 여기 있다. 사회의 대부분은 행사진행 순서가 나와 있기 때문에 그리 어렵지 않다.

사회를 볼 때 힘들고 이마에 땀이 나게 하는 경우는 다음 순서가 준비가 되지 않아서 시간을 끌어 줘야 하는 때이다. 이런 때 프로와 아마추어의 차이가 난다.

이런 때에는 이야깃거리를 만들어라. 세미나 진행을 맡으라 했을 때 당신의 기분이나 세미나 이후의 스케줄에 대해 얘기해도 좋다. 중요한 건 사회 보는 곳의 상황이나 인물에 관련된 어느 정도 공감 있는 얘기를 해라. 그래야 자연스럽다.

사회를 보다 보면 어느 순간 할 말이 없어지는 순간이 있다. 이럴 때는 당황하지 말고 앞에서 스피치를 했던 사람의 말을 한 번 더 정리해 줘라. "앞에 홍길동 님께서는 오늘 ~~~이런 말씀을 해주셨는데, 저도 동감합니다." 이렇게 말하고 본인의 생각이나 경험까지 보태어 말한다면 당신은 청중에게 존중받을 수 있다. 게다가 머리 좋은 사람, 남의 말을 잘 들어주는 사람이라는 평가까지 받을 수 있다.

사회를 보는 도중 틈틈이 오늘 모임의 취지를 말해줘라. "오늘은 스피치의 혁명이란 주제로 세미나를 하고 있습니다." 이런 말들이 별거 아닌 것 같지만 이렇게 모임의 취지를 말하는 것만으로도 당신은 다른 얘깃거리들이 떠오를 것이다.

사회를 보다가 난감한 경우가 노트북이나 시각기재를 사용하며 말하려고 하는데 기계가 갑자기 고장이 나버린 경우다. 이럴 때는 당황하지 말고 자연스럽게 질문의 시간을 갖는 것이 좋다. "지금까지의 사항과 관련해서 질문 있으십니까?"라고 청중에게 물어보고 답해주는 시간을 가지면 된다. 따로 휴식시간을 갖지 않은 경우에는 기계 고칠 동안 10분 정도 휴식 시간을 갖는 것도 좋다.

사회자는 만약을 대비해서 재미있는 유머나 유익한 이야기 몇 개 정도는 늘상 외우고 있어야 한다.

04
충고 화법

누군가에게 충고를 한다는 것은 쉬운 일이 아니다.

자신은 좋은 뜻으로 얘기한 것인데 듣는 사람이 기분 나쁘게 받아들여 둘 사이가 멀어지는 경우도 종종 있다. 이러한 때는 샌드위치 화법을 쓰는 것이 좋다.

샌드위치 화법이란 샌드위치를 먹으면서 하라는 얘기가 아니고, '샌드위치가 빵과 빵 사이에 고기나 야채가 들어 있는 것처럼 칭찬과 칭찬 사이에 질책의 말을 은근슬쩍 집어넣으라'는 것이다. 친절한 말이나 칭찬은 우호적인 분위기를 조성하는 데 효과가 있다.

즉, 칭찬의 말로 시작하면 상대는 자신이 직접 공격당하는 것이 아니라는 생각에 안심을 하게 되며 충고를 거부감 없이 받아들일 수 있다. 여기에 확실히 마무리하기 위해서는 격려와 칭찬을 한 번 더 해주는 것이다.

샌드위치 화법 = 칭찬 + 충고 + 칭찬

예를 들자면 "김대리 자네는 참 아이디어가 많은 친구라고 생각해 왔고 모두가 그렇게 인정하는 것 같아. 그런데 말이야, 이번 기획안은 좀 노력을 안 한 거 같네. 다시 이 서류 가져가서 이곳을 고쳐보도록 하게. 자네라면 틀림없이 잘 해 낼 수 있을 거야." 이런 식의 충고라면 김 대리는 자존심 상하는 일 없이 잘못된 점을 고치기 위해 최선을 다할 것이다.

충고를 잘하면 좋은 리더가 될 수 있다.

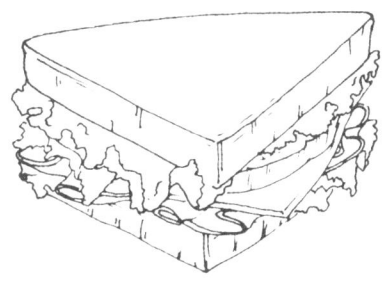

> # 05
선물 증정 화법

　경품으로 1등, 2등 하는 냉장고나 전자렌지 같은 비싼 선물이 아니더라도 관객의 호응을 유도하기 위한 도서상품권 같은 가벼운 선물이 있다면 행사를 진행하는 입장에서는 훨씬 수월하다.

　선물은 관객 참여의 확실한 동기부여가 된다. 청중들은 선물을 준다고 하면 무대에 나와서 춤도 추고 노래도 부르기 때문에 박수를 받는 것은 일도 아니다.

●● 초반 선물

　'박수 많이 치면 건강에 좋다'고 하는 것은 약간 부탁에 가깝지만 '박수 가장 열심히 치는 분께 선물 드리겠다.'고 하면 자발적으로 열심히 친다. 행사 시작할 때 첫인사 하면서 많이 하는 방법이다.

실례) "안녕하세요? 오늘 사회를 보게 된 감성입니다. 그냥 인사를 드렸더니 박수소리가 좀 작네요. 그래서 선물을 준비했습니다. 제가 인사를 할 때 가장 뜨겁게 박수 쳐주시는 분께 선물을 드리고 시작하겠습니다." 상황을 봐서 한두 번 더 해도 좋다.

그리고 오늘 이곳에 가장 멀리서 오신 분께 선물 드리겠다고 하고, 멀리서 오신 분들 손들고 이야기하라고 유도한다. 한 분 한 분 물어보면서 가장 멀리서 오신 분께 선물을 증정한다.

똑같은 방법으로 오늘 특별한 날인 분에게도 선물을 준다고 하고 한 분 한 분 이야기를 듣다보면 생일도 나오고, 결혼기념일 등등 많은 얘기가 나온다. 그중에서 가장 의미 있다고 생각되는 분께 선물을 증정하면 된다.

● ● 중반 선물

장비 셋팅을 하는 경우, 다음 스피치 대상이 늦어지는 경우, 중간 휴식시간 후 청중의 집중도를 높이기 위해서는 레크리에이션 게임이나 넌센스 퀴즈로 선물을 주며 즐거운 시간을 만들자.

Speech Tip

| 넌센스 퀴즈

1. 놀부의 여동생 이름은 놀순이, 놀숙이, 놀자가 있습니다.
   그럼 놀부 남동생 이름은?

2. 동그란 모양인데… 만지면 물렁물렁하고 끝에 꼭지가 있는 것은?

3. 돈을 벌려면 자주 망쳐야 되는 사람은?

4. '지렁이는 밟으면 꿈틀거린다' 란 속담이 있는데요..
   왜.. 지렁이는 밟아도 꿈틀 될까요?

5. 부자아빠가 되는 가장 빠른 길은?

6. 물가 상승과 관계없이 항상 깎아주는 곳은?

7. 빨간 길위에 떨어진 동전을 네글자로 줄이면?

■ 정답 : ① 흥부 ② 풍선 ③ 어부 ④ 덜 밟아서
　　　　⑤ 자녀이름을 부자로 짓는다 ⑥ 이발소 · 미용실 ⑦ 홍길동전

chapter 5

스피치대통령으로 가는 4단계 트레이닝

01
중급 스피치 트레이닝

아래 스피치 자료는 내가 진행하는 〈감성의 달리는 인생택시〉의 오프닝 멘트다. 1분 스피치용으로 아주 좋은 자료다. 내용이 짧은 만큼 안 보고 스피치 할 수 있을 때까지 연습을 하자.

● ● 인생의 또 다른 참 맛

"(뜨거운 물에 들어간 것처럼) 아~ 시원~하다."
"아빠 정말 시원해?"
"그럼."

"그럼 나도 들어가 볼까? 아, 앗 뜨거. 뭐야, 아빠 거짓말쟁이."

어린 시절 어른들을 따라 목욕탕 갔을 때를 생각해보면 뜨거운 물에 몸을 담그며 "시원하다.~"라고 말하는 어른들을 보면 이게 왜 시원한지 도무지 이해가 가지 않았다. 그런데 이젠 뜨거운 물에 들어갔을 때 이게 왜 시원한지, 쌉싸름한 음식을 먹으면 이게 왜 입맛을 당기게 하는지 알 것 같습니다.

그래요. 아마도 세월이 흐른다는 건 이처럼 몰랐던 걸 자연스레 깨우치며 인생의 또 다른 맛을 알게 되는 과정인가 봅니다.

● ● 아픔을 이겨내라

여성분들이 출산을 할 때 그 고통, 정말 엄청나다고 하죠?

하지만 태어난 어여쁜 아이를 보면 어느새 두 번 다시 경험하고 싶지 않은 그 고통은 잊고 이런 말을 한다고 합니다.

"우리 하나 더 낳을까?"

아름다운 몸짓의 예술, 발레.

하지만 그런 아름다운 발레를 하는 발레리나들도 자신의 발을 보여주기 싫어

한다고 하죠?

고된 연습으로 인해 발모양이 예쁘지 않게 변해버렸기 때문인데요.

그렇다고 발레리나들이 발레를 그만두지는 않습니다.

여러분들은 지금 어떤 아픔이, 어떤 보여주고 싶지 않은 상처가 있으신가요? 있다면 너무 괴로워하지 마시기 바랍니다. 그 아픔, 그 상처가 여러분께 기쁨과 아름다운 영광을 가져다 줄 거니까요.

●● 인생의 숨겨진 재미를 찾자

누군가 "요즘 가장 재미있는 일이 무엇입니까"라고 물어본다면 아마 대부분의 사람들은 "올림픽이죠."라고 대답할 겁니다.

그래요. 올림픽 경기 참 재밌습니다.

그런데요, 가만히 올림픽이 재밌는 이유를 생각해보면 물론 우리나라가 경기에 이기거나 메달을 따서 재미있을 때도 있지만.

올림픽의 사건 사고 또는 숨겨진 감동스토리를 알게 되는 그런 재미도 적지 않은데요.

생각해보면 그렇게 모든 일에는 눈앞에 보이는 것 말고도 찾아보면 숨겨진 재미가 있습니다.

아마 이건 우리네 인생도 마찬가지겠죠?

인생이 힘들 때마다 인생의 숨겨진 재미를 찾을 수 있는 여러분이 되시길 바랍니다.

●● 진정한 명작

'바람과 함께 사라지다' '벤허' '로마의 휴일'

언제 처음 나온 영화인지 제대로 기억나진 않지만 어쩌다 가끔 티비에서 오랜만에 다시 보게 되면요.

지금처럼 놀라운 컴퓨터 그래픽이 있는 것도 아니지만 영화를 처음 본 그때처럼 다시금 감동이 밀려오곤 합니다.

이런 건 비단 영화뿐 아니라 음악도 마찬가집니다.

비틀즈나 엘비스 프레슬리, 작은 거인 조용필이나 노래하는 시인 김광석 같은 가수의 노래들은 요즘 노래처럼 강렬한 맛은 없지만 지금 들어도 전혀 촌스럽지 않습니다.

더군다나 어쩔 때는 오히려 현재의 것보다 더 세련됐다는 느낌을 주기도 하는데요.

이렇게 세월이 흘러도 가치가 변하지 않는 걸 가리켜 흔히들 우리는 명작이라고 부르는 것 같습니다.

●● 사람의 향기

"붕붕붕~ 꽃향기를 맡으면 힘이 나는 꼬마자동차~"
어린 시절 향수로 남아있는 한 만화의 주제가인데요.
글쎄요.
사람도 꽃향기를 맡으면 힘이 나는지, 안 나는지 모르겠지만 두려움은 없어진다고 합니다.

이게 무슨 소리냐~하면
치과치료를 받을 때 라벤더향을 맡으면 두려움이 어느 정도 사라진다는 영국의 한 건강심리학과팀의 연구결과를 말씀드린 건데요.

그래서 생각해봤습니다.

우리가 치과치료보다 더 무서운 세상살이를 하루하루 꿋꿋이 살아갈 수 있는 건 힘들 때마다 서로에게 힘이 되어주는 라벤더보다 진한 사람의 향기 때문이 아닐까 하고 말이죠.

- '감성의 달리는 인생 택시' 한재운 작가의 글

02
고급 스피치 트레이닝

중급 스피치를 연습했다면 이번엔 고급과정 스피치를 연습해보자.

고급 스피치는 누군가에게 감동을 주고 그 삶을 변화시키는 것이다. 그런 마음으로 연습하라. 아래의 글은 내가 이메일로 받아보는 '사랑밭 새벽편지'에서 좋은 글을 모은 것이다. 더 많은 스피치 자료를 원한다면 베스트셀러인 『무지개 원리』를 참고하면 좋을 것이다.

● ● 타이거 우즈가 베컴에게

타이거 우즈는 유명한 골프선수이고, 베컴은 유명한 축구선수죠.

하지만 이 두 사람에게는 공통적인 철학이 있습니다. 그것은 바로 항상 중요한 경기에서 적으로 삼는 건 상대편 선수나 팀이 아니라 바로 자신이란 점입니다.

타이거 우즈는 이렇게 말했다고 합니다.

"저는 항상 경기에 들어가기 전에 시간을 쪼개서 명상을 합니다. 하지만 경기에서 진정으로 승부를 할 때 저는 저 자신과 싸웁니다. 초조함과 꼭 이겨야만 한다는 욕심, 그러한 것으로부터의 모든 욕망을 버리고 홀가분한 마음으로요. 욕심을 부추기는 저 자신과 싸우며 공 하나하나를 쳐왔습니다."

베컴은 지난날 유럽 축구에서 좋은 성적을 보이며 이렇게 말했습니다.

"저도 초보 시절이나 무명시절에는 항상 앞서 나가려고 했고, 남보다 더 튀어 보이려고 했고, 저보다 잘하는 선수들을 속으로 질투하며 욕을 했습니다. 하지만 점점 그것이 그릇됐다는 걸 알게 됐고 상대팀 선수보다는 저 자신과 싸우며 동료들을 위한 플레이를 하게 됐습니다.

오늘날의 제가 있게 된 것은 제가 축구를 잘해서가 아닙니다. 다른 동료들의 활약이 있었기 때문입니다."

우리는 항상 경쟁을 하게 됩니다.
하지만 남들과의 경쟁은 아무 것도 아닙니다. 보다 중요한 것은 여러분은 바로 여러분 자신과 경쟁해야 한다는 것입니다. 그걸 이룰 때 비로소 홀가분하게 삶을 살아가게 됩니다.

●● 1년 뒤 10년 뒤 나에게 편지를 써라

자기 자신에게 편지를 쓰는 것은 얼마나 멋진 일인지 생각해 봤나요?
지금의 나에게 1년 전의 내가 쓴 편지……
10년 전 내가 쓴 편지……
그때 나는 1년 뒤의 나에게 무엇을 바라고 있을까?
1년 전 난 어떤 고민이 있었을까?
그때는 고마움을 몰랐는데, 지금 감사한 것도 있고, 그땐 정말 힘들었는데 지금은 아무것도 아닌 일도 있고, 그땐 전부인 줄 알았던 것이 이젠 아무것도 아닌 것이 있다.
나에게 쓰는 편지는 그 누구에게 받는 것보다 더 감동적이다.

자기 자신에게 정말 하고 싶은 얘기를 적어보자.

힘들면 힘들다고, 행복하다면 행복하다고.

난 어떤 사람이 되고 싶다고.

그것들이 이루어지면 이루어져서 기쁘고, 아니더라도 그런 꿈을 가졌던 그때가 생각나서 좋을 것이다.

한 번쯤 나에게 편지를 쓰자.

● ● 석탄 속의 다이아몬드 폴 포츠

〈브리튼스 갓 탤런트〉(Britain 's Got Talent) 프로그램의 녹화 현장.

한 남자가 주눅 든 채 무대에 서 있다.

올해 38세인 영국 웨일즈 출신의 휴대폰 세일즈맨 폴 포츠(Paul Potts).

평균에 못 미친다고 생각되는 외모에 고르지 못한 치아, 자신감 없는 말투, 불룩하게 나온 배를 가진 전형적인 아저씨 스타일, 게다가 언제 다렸는지 모를 낡은 옷을 입고 있다.

심사위원들은 단지 진행을 위해 형식적으로 묻는다.

"어떤 것을 하실 건가요?"

그가 대답한다.

"오페라를 부를 겁니다."

심사위원들과 방청객들의 어이없다는 듯한 표정을 뒤로 하고 폴 포츠의 노래가 시작된다.

천천히, 그리고 조용히 시작된 아리아가 좌중을 압도하는 감미로운 목소리로 절정에 이르렀을 때 펜대를 씹으며, 혹은 의자에 비스듬히 기댄 채 비웃음 섞인 표정으로 무성의하게 지켜보던 심사위원들의 태도가 급변하기 시작한다.

"눈을 확 뜨게 만드는 신선한 공기 같네요."

"석탄 속에서 우리는 다이아몬드를 발견했습니다."

독설가로 유명한 심사위원들의 입에서 터지는 놀라운 심사평! 찬사! 찬사!

노래는커녕 말도 잘 못할 것 같던 기대 이하의 출연자는 1,350만 명의 시청자가 지켜보는 가운데 감동적인 우승을 차지했다.

부인과 함께 평범한 가정의 가장으로 살고 있던 그는 언제나 오페라를 부르는 성악가가 되겠다는 꿈을 갖고 있었지만 호감이 가지 않는 외모와 자신감 없는 태도로 번번이 무시를 당해야 했다.

운 또한 없었던 그는 2003년에 맹장염으로 입원했다가 양성 종양이 발견돼 장기간 입원을 해야 했다. 게다가 같은 해 자전거를 타고 가다 교통사고를 당해 쇄골이 부러지는 등 중상을 입어 2년간 아무 일도 할 수 없었으며, 쇄골 골절로 성대를 다쳐서 다시는 노래를 부를 수 없을지 모른다는 진단을 받기도 했다.

병원 입원으로 5천만 원 정도의 빚까지 지게 된 그는 휴대전화 판매원으로 일하면서도 꿈을 버리지 않고 합창단원으로 활동했다.

그는 그 뒤 〈브리튼스 갓 탤런트〉에 출연해 예상을 깨고 인간승리 같은 우승을 차지하며 화제의 인물이 된 것이다.

그가 낸 오페라 앨범은 영국에서는 대형 음반 매장에서부터 작은 가게에 이르기까지 팬들의 주문이 쇄도해 30만 장 이상의 판매고를 올렸다.

콤플렉스가 없는 사람은 없습니다. 콤플렉스는 품고 있으면 독이 되지만 극복하면 좋은 약이 됩니다.

인생의 반전을 원하세요?

자신을 믿고 콤플렉스 따위는 벗어버리세요.

03
유머 스피치 트레이닝

유머는 스피치에 윤활유다. 내가 아는 유머를 책에 조금 실었다.

스피치 할 때 유머를 단순한 재미를 목적으로 사용하는 것도 좋지만 주제에 맞게 활용하면 더욱 큰 효과가 있다. 유머의 길이가 너무 길면 지루해서 좋지 않다. 적당한 길이의 유머들을 책이나 인터넷을 통해 스크랩하여 모아두고 필요할 때 사용하자. 스크랩 할 때는 어떤 대상에게 할 것인가, 어떤 교훈을 주는지도 같이 적어라.

● ● **천국 대신 학원가라고 했어요**

주일 학교 선생님이 아이들에게 물었다.

"여러분 중에 천국에 가고 싶은 사람은 손들어 보세요."

아이들이 모두 손을 들었지만 유독 감성이만은 손을 들지 않았다.

의아한 선생님이 물었다.

"아니, 감성아. 너는 천국에 가고 싶지 않니?"

감성이가 말했다.

"가고 싶어요. 근데 엄마가 교회 끝나면 바로 학원가라고 했어요."

요즘 아이들 학원 많이 보낸다는 얘기를 할 때 이런 유머 하나 넣어주면 스피치 컬리티가 높아진다.

● ● 사자보다 무서운 동물은 암사자

초등학교 자연시간에 선생님이 아이들에게 물었다.

"동물 나라에서 가장 힘이 센 왕이 뭐죠?"

아이들이 한결같이 "사자요"라고 대답했다.

선생님이 다시 묻는다.

"맞아요, 그런데 사자도 무서워하는 동물이 있어요. 그건 뭘까요?"

한 아이가 번쩍 손을 들더니 씩씩하게 대답했다.

"암사자요!"

아이들은 본대로 얘기를 한다. 요즘에는 남편들이 집에서 기를 못 피고 사는 경우가 많다. 아내들이 남편에게 따뜻한 사랑과 힘을 줘야 한다는 얘기를 할 때 사용하면 좋다.

●● 왜 저는 LA에서 태어난 거죠?

한 흑인이 하나님께 물었다.
"하나님, 왜 저에게 검은 피부를 주셨나요?"
하나님이 대답했다.
"그건 아프리카 정글에서 밤 사냥을 나설 때 어두운 밤에 잘 어울리게 하고 또 아프리카의 뜨거운 햇빛으로부터 자네를 보호하기 위해서지!"
흑인이 다시 물었다.
"그럼 하나님, 제 머리는 왜 이렇게 곱슬곱슬하죠?"
하나님이 또 대답한다.
"그건 자네가 정글 속을 뛰어 다닐 때 머리가 헝클어지거나 덤불에 걸리지 않도록 하기 위해서지!"

흑인은 고개를 갸우뚱거리며 다시 물었다.

"근데 하나님, 왜 저는 LA에서 태어난 거죠?"

이 얘기는 콤플렉스에 대해서 얘기할 때 사용하면 좋다. 누구나 콤플렉스가 있다. 고민한다고 사라지는 것은 아니다. 그냥 있는 그대로 자신을 사랑하라고 말해주면서 써라.

● ● 제기랄, 한국 전기는 성능이 꽝이라니까

일제라면 사족을 못 쓰는 젊은 부인이 있었다. 그녀는 졸부 부인들 모임에 참석해 일본제 밥솥이 좋다는 이야기를 들었다.

졸부부인은 그 길로 일본으로 날아가 밥통을 사왔다. 그리고 흐뭇한 마음으로 그 밥솥으로 밥을 지어먹었다.

"아, 밥맛 좋다. 역시 밥솥은 일제가 최고야."

그녀가 말했다. 그런데 며칠이 지나지 않아 성능이 좋다던 일제 밥솥이 그만 고장이 나버렸다.

화가 난 부인은 전기 계량기를 '꽝꽝' 치며 말했다.

"제기랄, 역시 한국 전기는 성능이 꽝이라니까."

요즈음 사람들은 명품 중독증에 걸려 있는 듯하다. 명품이나 외제라면 사족을 못 쓰는 사람들을 비판할 때 해주면 좋은 얘기다.

● ● 강물이 꽁꽁 얼어붙었구만

대학로에서 한창 성황리에 공연 중인 연극이 있었다. 그 연극에는 주인공이 강으로 뛰어드는 장면이 나온다. 그때 음향효과 담당이 물소리로 '첨벙' 하는 효과음을 내기로 되어 있었다.

그런데 음향효과 담당이 깜빡 실수를 하는 바람에 주인공이 뛰어내린 후 '첨벙' 소리 대신 '쿵' 하는 소리를 내고 말았다. 순간 찬물을 끼얹은 것 같은 정적이 무대를 감싸고 있었다. 아무것도 모르는 관객들은 숨을 죽이고 있었다.

주인공이 큰 소리로 외쳤다.

"젠장, 강물이 꽁꽁 얼어붙었구만."

애드립이나 순발력에 관해서 얘기할 때 해주면 좋은 얘기다.

●● 시험 보다 정말 짜증날 때

문제 다 풀고 컴퓨터용 싸인펜으로 체크하려 하는데, 답안지가 안 보일 때

답안지에 옮겨 적으려고 하는 데 종칠 때

수학 객관식 문제 열심히 풀었는데 보기에 답이 없을 때

답안지 틀려서 바꿨는데 또 틀렸을 때

답 고쳤는데 고치기 전의 답이 정답일 때

이 이야기는 학생들 앞에서 스피치 할 때 큰 공감대를 얻을 수 있다. 뿐만 아니라 상황이 맞는다면 어른들 행사에서도 가능하다. 왜냐면 누구나 학창시절은 있었기 때문이다.

●● 너 여자에 대해서 생각해 본 적 있니?

5살짜리 남자 아이가 또래 아이에게 물었다.

"너 몇 살이니?"

그 아이가 "잘 모르겠는데." 라고 말했다.

5살짜리 아이가 다시 물었다.

"너 여자에 대해서 생각해 본 적 있니?"

"생각해 본 적 없는데."

"그럼 넌 5살 미만이야."

이 이야기는 요즘 아이들이 성에 일찍 눈을 뜬다는 얘기를 할 때 하면 좋은 얘기다.

●● 김구 오면 비켜 주면 될 거 아냐

한 할머니가 독립기념관으로 나들이를 갔다. 한참을 돌아다녀 몹시 피곤해진 할머니가 의자에 앉아 쉬고 있는데 경비원이 다가와 말했다.

"할머니 그 의자는 김구 선생이 앉던 자리에요. 앉으시면 안돼요."

할머니는 태연히 앉아서 담배를 피웠다.

경비원은 다시 한 번 김구 선생의 의자이니 비켜 달라고 했다.

경비원 말을 가만히 듣고 있던 할머니가 화를 벌컥 내며 한마디 했다.

"아따 이 양반아. 김구인가 뭔가 하는 사람 오면 비켜 주면 될 거 아냐."

영어 공부만 할 것이 아니라 우리의 역사에 대해서 관심을 갖자는 얘기를 하고 싶을 때 하면 좋다.

●● 열은 오십 도, 세계 기록은 몇 도?

올림픽에서 100미터 달리기 세계 신기록을 5번이나 갱신한 단거리 선수가 그만 훈련 중에 쓰러지고 말았다.

깜짝 놀란 의료진이 재빨리 그를 병원으로 옮겼다. 많은 기자들과 시민들이 지켜보는 가운데 의사가 이것저것 진단을 했다.

"상태가 안 좋습니다. 열이 오십 도를 훨씬 넘었어요."

이 말을 들은 선수는 막 돌아가려는 의사의 옷을 잡고 다급하게 물었다.

"선생님 혹시 세계 기록이 몇 도인가요?"

1등 병에 걸린 대한민국의 현실을 비판할 때 하면 좋은 얘기다. 1등으로 사는 삶을 꿈꾸기 보다는 행복한 삶을 꿈꾸는 우리가 되자.

●● 왜 멍청하게 일찍 일어나서 새한테 잡아먹히는 거야

감성이는 게으름뱅이였다. 언제나 늦게 자고 늦게 일어나는 것이 몸에 배었다. 이 모습을 지켜보다 참다못한 아버지가 감성이 버릇을 고쳐 주기 위해 명언집을 펼쳐 놓고 연설을 시작했다.

"감성아, 이 책을 좀 보렴. '일찍 일어나는 새가 벌레를 먼저 잡는다'고 씌어 있지? 그러니 너도 내일부터는 아침 일찍 일어나는 부지런한 사람이 되거라."

감성이가 두 눈을 깜박이며 물었다.

"아빠! 근데 그 벌레는 왜 멍청하게 일찍 일어나서 새한테 잡아먹히는 거야!"

요즘 아이들 정말 똑똑해서 말로 이기기는 힘들다는 얘기를 할 때 사용하면 좋은 얘기다.

04
명언 스피치 트레이닝

한권의 책을 읽는 것 보다 한줄의 명언이 더 감동적이고, 많은 생각을 하게 만든다. 그래서 명언은 누군가의 좌우명이 되어 한 사람의 인생을 바꾸어준다. 내 인생에 자극이 되었던 명언들을 실었다.

● ● **꿈에 얽힌 숨겨진 명언**

- 태양을 향해 쏜 화살이 해바라기를 향해 쏜 화살보다 멀리 나간다.
- 시계보다는 나침반을 봐라. 얼마나 빨리 가는가 보다는 어느 방향으로 가느냐가 중요하다.

- 사람들은 자신이 하고 싶은 일을 할 수 없는 수천 가지의 이유를 찾고 있는데 정작 그들에게는 그 일을 할 수 있는 한 가지 이유만 있으면 된다.

- 영원히 살 것처럼 꿈을 꾸고, 내일 죽을 것처럼 오늘을 살아라   - 제임스 딘

- 말은 공기다. 공기는 바람이 되고 바람은 돛단배를 나아가게 한다.

- 불가능은 존재하지 않는다. 다만 불가능하다는 생각이 존재할 뿐이다.

- 어떠한 일을 좋아하는 사람 위에는 즐기는 사람이 있고, 즐기는 사람 위에는 그것에 미쳐 있는 사람이 있다

- 챔피언은 체육관에서 만들어지는 것이 아니다. 챔피언은 자신의 내면 깊숙이 있는 꿈에 의해 만들어진다.   - 무하마드 알리

- 나는 빈민 수용소에 있을 때나 먹을 것을 구하기 위해 길거리를 방황하고 있을 때도 내가 세계 최고의 배우라고 믿고 있었다.   - 찰리 채플린

- 어떤 말을 만 번 이상 되풀이 하면 반드시 미래에 그 일이 이루어진다.

    - 인디언 속담

- 물감을 아끼면 그림을 못 그리듯, 꿈을 아끼면 성공을 그리지 못한다.

    - 하루일기 이진이

- 승리자의 주머니 속에는 꿈이 들어있지만 패배자의 주머니 속에는 욕심이 들어있다.

● ● 노력, 그 뒤에 감추어진 명언

- 잠을 자는 사람은 꿈을 꾸지만 잠을 이기는 사람은 꿈을 이룬다.
- 천재는 1%의 영감과 99%의 노력으로 이루어진다.   - 에디슨
- 잔잔한 바다는 숙련된 선원을 만들지 못한다.   - 아프리카 속담
- 예술가가 되려면 만 권의 책을 읽고 만 리의 여행을 하라   - 중국 격언
- 못해서 안 하는 것이 아니라 안 해서 못하는 것이다.   - 심형래 감독(디워)
- 무(無)를 유(有)로 바꾸기 위해서는 시간과 노력이 필요하다.
- 노아가 방주를 만들 때는 비가 오지 않았다.
- 눈보라가 친다고 해서 웅크리고 서 있으면 얼어 죽는다. 이럴수록 걷고 또 걸어야 한다.
- 개미들의 일반적인 철학은 천천히. 그러나 항상 앞으로
- 네 생각을 조심하라. 왜냐하면 그것은 말이 되기 때문이다.

  네 말을 조심하라. 왜냐하면 그것은 행동이 되기 때문이다.

  네 행동을 조심하라. 그것은 습관이 되기 때문이다.
- 공기의 저항이 없으면 독수리는 날 수 없고, 물의 저항이 없으면 배가 뜰 수 없다.

●● 시련, 그 아름다운 명언

- 환경은 달라지지 않습니다. 사람들도 바뀌지 않습니다. 하지만 다 바꿀 수 있는 방법이 한 가지 있습니다. 그것은 내 생각을 바꾸는 것입니다.
- '아름다운 장미꽃에 하필이면 가시가 돋쳤을까' 생각하면 속이 상한다. 하지만 '아무짝에도 쓸모없는 가시에서 저토록 아름다운 장미꽃이 피어났다'고 생각하면 오히려 감사하고 싶어진다.
- 바람이 촛불은 끄고 큰불은 타오르게 하듯이 가난은 사소한 꿈은 잠재우고 원대한 꿈을 꾸게 만든다.
- 가난한 사람은 너무 적게 가진 이가 아니라 너무 많이 가지기를 바라는 사람이다.

- 세네카

- 밤이 캄캄할수록 별은 더 빛난다.
- 가시에 찔리지 않고서는 장미꽃을 모을 수가 없다.

●● 깊은 사랑을 위한 명언

- 별을 좋아하는 사람은 꿈이 많고, 비를 좋아하는 사람은 슬픈 추억이 많고, 눈을 좋아하는 사람은 순수하고, 꽃을 좋아하는 사람은 아름답고, 이 모든

것을 좋아하는 사람은 지금 사랑을 하고 있는 사람이다.

- 나에게 기적은 다시 일어서는 것이 아니라 사랑하는 아내와 하루하루를 함께 하는 것입니다. 사랑하는 사람과 함께 하는 삶은 날마다 기쁨이고 기적입니다.   - 크리스토퍼 리브(수퍼 맨)

- 세상에서 가장 아름답고 소중한 것은 보이거나 만져지지 않는다. 단지 가슴으로만 느낄 수 있다.   - 헬렌 켈러

- 하나님은 모든 곳에 계실 수 없어 어머니를 만드셨다.   - 이스라엘 속담

- 5-3=2 오해를 3번만 생각하면 이해하게 된다.
  2+2=4 이해하고 이해하면 사랑하게 된다.

- 결혼에서의 성공이란 단순히 올바른 상대를 찾는 데서 오는 게 아니라 올바른 상대가 됨으로써 온다.

- 종은 누가 울리기 전에는 종이 아니다. 노래는 누가 부르기 전에는 노래가 아니다. 사랑은 주기 전에는 사랑이 아니다.

- 사랑은 손수건 같은 만남이다. 힘들 땐 땀을 닦아주고, 슬플 땐 눈물을 닦아줘야하기 때문이다.

●● 무지개빛 행복을 선물하는 명언

- 행복해서 웃는 것이 아니라 웃어서 행복하다.
- 우리의 불행은 결핍에 있기보다 부족하다고 느끼는 결핍감에서 온다.
- 행복의 한 쪽 문이 닫히면 다른 쪽 문이 열린다. 우리는 흔히 닫혀진 문을 오랫동안 보기 때문에 우리를 위해 열려 있는 문을 보지 못한다. — 헬렌 켈러
- 행복은 향수와 같다. 내 몸에 몇 방울 뿌리지 않고서는 다른 이들을 뒤덮을 수 없다 — 에머슨
- 성공한 인생이 행복한 게 아니라, 행복한 인생이 성공한 인생이다.

●● 명언 속의 명언

- 천리마는 항상 있지만 그것을 찾아내는 사람은 항상 있는 것이 아니다.
- 요리는 냄비 안에서 만들어지는데 사람들은 접시를 칭찬한다. — 이스라엘 속담
- 나이가 들수록 늘어나는 것은 뱃살, 주름뿐 아니라 지혜도 있다
- 큰 사람과 비교해서 작은 사람을 무시하지 말라. 바늘로 할 수 있는 일을 큰 칼로는 할 수 없다.
- Change(변화)의 g를 c로 바꿔 보십시오.

Chance(기회)가 되지 않습니까? 변화 속에 반드시 기회가 숨어 있습니다.

- 운동은 하루를 짧게 하지만 인생을 길게 해준다.
- 옥을 깨뜨릴 수는 있어도 그 빛을 잃게 할 수는 없고, 대나무를 불에 사를 수는 있어도 그 절개를 휠 수는 없다.   - 삼국지 관우
- 세상을 움직이는 것은 남자고, 남자를 움직이는 것은 여자다.
- 신이 인간에게 두 개의 귀와 하나의 입을 주신 것은 말하기보다 듣기를 더 많이 하라는 뜻이다.
- 감사할 줄 모르는 자를 벌하는 법은 없다. 감사할 줄 모르는 삶 자체가 벌이기 때문이다.
- 남에게 이길 수 있다고 생각하는 것은 자만이지만 노력해서 이길 수 있다고 생각하는 것은 자신감이다.

맺음말

스피치대통령을 꿈꾸는 당신에게

　개그맨 감성의 『입뒀다 뭐하냐』는 여기까집니다. 끝까지 책을 읽어준 당신에게 깊은 감사를 드립니다. 제 책에 당신의 귀중한 시간을 할애해준 것에 대한 충분한 보상이 되었으리라 믿습니다.

　책의 내용은 선생님이 학생에게 가르치듯이 조금 명령조로 말했는데, 지금은 여러분에게 존댓말로 이렇게 인사를 드립니다. 끝까지 책을 읽어준 당신에 대한 감사의 표시입니다.

　저도 그동안 많은 책들을 읽어 보았지만, 사실 본문은 몇 번씩 읽으면서 서문이나 맺음말은 좀 소홀이 대했습니다. 그런데 내가 맺음말을 써야하는 입장이 되었을 때는 다른 어떤 글보다 부담이 되더군요. 혹시 내용이 부족하지는 않았을까? 독자들이 만족할까? 등등 많은 생각이 오고갑니다. 하지만 제가 그동안 얻은 모든 지식을 드렸기에 만족합니다.

　책이란 것은 여러분에게 지식을 주는 것이죠. 제 책은 여러분에게 스피치에 관한 지식을 충분히 전달했다고 생각합니다. 하지만 단순히 지식을 얻기 위해서

이 책을 여러분들이 구매했다고 생각하지 않습니다. 스피치대통령이 되고 싶어서 이 책을 샀을 것입니다. 앞으로 남은 것은 바로 책의 내용을 토대로 반복된 연습을 하는 것입니다. 그러다 보면 어느 순간 저처럼 말에 대한 자신감과 인생의 재미를 느끼며 살아 갈 수 있을 것입니다. 혼자 연습하기가 힘드신 분들은 스피치학원에서 배우시기 바랍니다. 혼자 할 때보다 재미있고 더 빨리 스피치실력을 키울 수 있습니다. 저도 요즘 수영도 배우고 요가학원도 다니고 있는데, 배움에 대한 투자는 절대 아까운 돈이 아닙니다.

대부분의 사람들은 자신을 도와주지 않는 세상을 원망합니다. 그러면서도 자신을 변화시키는 일은 두려워합니다. 하지만 여러분들은 인생의 변화를 원하는 분들입니다. 인생의 변화를 주는 것에는 몇 가지 방법이 있죠. 인생역전의 로또에 당첨된다던가, 아니면 배우자를 잘 만난다던가, 하지만 이런 것보다도 더 확실한 성공 100%의 가능성이 있는 것은 바로 스피치를 제대로 구사하는 것입니다. 그러면 돈으로 살 수 없는 사랑과 친구와 성공까지 모두 얻을 수 있을 것입니다.

"여러분, 입뒀다 뭐 하실 겁니까!!!" 입은 밥만 먹으라고 있는 것은 아닙니다. 스피치를 잘하면 세상이 달라집니다. 부디 당신의 스피치 실력을 향상시켜 저처럼 새로운 인생을 찾기 바랍니다.

개그맨 감 성

책을 내면서
생각나는 사람들....

먼저 감성을 믿고 기꺼이 출판을 허락해주신 선출판사에 김윤태 형님께 감사를 드립니다. 인사동 사무실에 찾아갈 때마다 맛있는 차를 타주시면서 삶에 지혜도 주시는데, 이 시간을 통해 감사하다는 말 꼭 하고 싶었습니다. 형님은 내 인생에 소중한 멘토이십니다.

책이 쉽고 재미있어서 잘 될 것 같다고 격려해 주셨던 시인 이소리 형님에게 감사합니다. 『입뒀다뭐하냐』 책의 시작을 내가 했다면 책의 마지막 작업인 디자인과 편집을 해주신 선연의 문종남 대표님, 디자이너 문효진님에게도 감사를 드립니다.

그리고 나의 재능을 믿고 책을 써보라고 동기부여를 해준 개그맨 고혜성 형님에게도 감사를 드립니다. 대한민국에 안 되는 게 없다고 말하는 형의 말에 용기를 내서 썼던 것이 책으로 나오게 되었네요. 내 인생에 가장 힘든 순간을 함께 해준 형님은 대한민국 최고의 자신감대통령입니다.

나의 능력을 믿고 스피치 학원도 내주고, 나를 작사가로, 랩퍼로 데뷔시켜주신 대한민국 최고의 작곡가 이제이 형님과 형수님, 예준이에게도 감사를 드립니다. 나의 스피치 제자이면서 신인가수로 데뷔한 이산에게도 고맙다. 너를 가르치면서 나도 많은 걸 배우게 됐다. 그리고 우리 학원의 꽃 이의경 선생님에게도 감사합니다. 또 최근에 스피치 개인코치 받고 있는 대한민국의 워렌버핏을 꿈꾸는 증권애

널리스트 김해동 씨에게도 감사드립니다.

홍대 대학원 동양학과 출신인데, 개그하고 싶다고 해서 알게 된 신재호에게도 너무나 고맙다. 개그할 때는 내가 도와줬지만 요즘엔 재호가 나를 많이 도와주는구나. 감성케리커쳐도 그려주고 내 생일도 챙겨줘서 고맙다. 또 재호를 통해 알게 된 책 제목을 서체로 멋지게 써준 형준이에게도 고맙다.

강남 100억 카페의 사장님이자 내 인생의 멘토인 김학구 형님에게도 감사드립니다. 카페에 찾아갈 때마다 맛나는 커피도 주시고, 커피처럼 부드러운 미소로 조언과 용기를 주시는 모습에서 많은 것을 배웁니다.

알게 된 건 얼마 되지 않았지만 내가 닮아가고 싶은 인생을 살고 계신 보험업계의 신화 고태형 형님에게도 감사드립니다. 형님의 꿈을 이루는 데 도움이 되는 동생이 되겠습니다.

스킨스쿠버를 배우면서 알게 된 시원시원한 성격의 말 잘 통하는 최성태 사장님에게도 감사드립니다. 형님은 나의 멘토가 되어주시고, 전 형님의 벗이 되겠습니다. 그리고 아는 것도 많고 삶의 조언도 잘해주는 이진섭 PD 님에게도 고맙습니다.

태릉선수촌에서 올림픽선수들의 심리치료를 해주시며 책도 많이 읽으시고 인상도 좋으신 신정택 박사님에게도 감사드립니다. 체격도 그렇거니와 말하는 것도 오히려 나보다 형 같은, 이삿짐 나를 때 꼭 부르고 싶은 동생 광동이도 고맙고, 편안한 외모를 무기로 사람들과 쉽게 친해지는 놀라운 친화력으로 보험계의 자신감 대통령이라 할만큼 능력 있는 박동수에게도 고맙다는 말을 전한다.

너무 힘들어서 개그를 포기하고 싶을 때, 아무조건도 없이 큰돈을 빌려주고 나의 능력을 인정해 많이 도와주려고 했던 아이디어뱅크 개그맨 김형인과 큰형 같아서 기대고 싶은 SBS공채 7기의 맏형 윤택이 형에게도 감사드립니다. 난 개그맨 중에서 당신들이 제일 좋아좋아!

내가 개그맨 중에서 가장 존경하는 개그계의 멋진 형님들 컬투 정찬우·김태균 형님에게 감사드립니다. 형님들이 개그하는 후배들을 얼마나 사랑하는지 알고 있기에 또한 형님들의 개그능력을 감히 질투하기에 형님들을 존경합니다. 〈웃찾사〉에서 '황당 그것이 알고싶다' 란 코너로 데뷔를 시켜줬던 영빈이형, 귀염둥이 재형이형 감사드리고, 늘 노력하는 한현민에게도 고맙다. 〈개그야〉에서 함께 '깔깔이 코너'를 했던 밥 잘 사주던 최국 형님, 동기들 중에 제일 마지막에 방송을 탔지만 버라이어티까지 진출한 원석이형, 열심히 살고 책도 많이 읽는 희성이 누나에게도 감사합니다. 그리고 늘 열심히 개그를 짜고 노력하시는 재미있는 선배 이상화 형님에게도 감사드립니다. 그 밖에 컬투패밀리에서 같이 개그하던 친구 김한배, 나상규에게도 감사하고 잔심부름 잘해주던 홍성기, 이종호에게도 고맙다. 그리고 나와 함께 소극장에서 개그하며 고생했던 모든 컬투패밀리 후배들에게 고맙다는 말 전하고 싶다. 그리고 SBS 7기 개그맨 동기들, 우리 형 결혼식 때 와준 8기 후배들에게도 고맙고, 〈개그야〉에서 함께 했던 MBC개그맨 선배 후배님들에게도 감사드립니다. 특히 나를 좋아해주는 석재와 미선이 고맙다. 인생을 개그처럼 살아가고 있는 그렇지만 앞으로가 더더욱 기대되는 후배 이복동에게도 고맙다.

〈개그야〉 할 때 나를 조용히 불러 편집실에서 나의 연기를 지적해주고 조언해주셨던 민철기 PD님 감사하고, 나에게 버라이어티의 특강을 특별히 해주셨던 노창곡 CP님, 쌍커플 잘하는 병원 소개해준다던 코미디를 사랑하시는 김정욱 부장님, 나의 개그를 사랑해 주셨던 안우정 예능국장님과 방송 쉬고 있을 때 전화하셔서 격려해 주셨던 〈개그야〉 메인 작가 김성 작가님에게도 감사드립니다.

라디오 게스트인 나를 〈감성의 달리는 인생택시〉의 DJ로 만들어주신 최고의 안목을 가진 김필주 팀장님에게 감사를 드리고, 처음 프로그램을 함께 기획하고 즐겁게 일하던 임지성PD님도 감사하고, 나에게 많은 조언과 밤새도록 생방하느라 고생하던 안병진 PD님도 감사하고, 라디오를 감성 스타일로 자유롭게 할 수 있도록 배려해준 김종영 PD님에게 감사하고, 〈감성의 달리는 인생택시〉 초창기부터 함께 해준 보디가드겸 최고의 작가인 한재운 작가님에게도 감사합니다.

또 〈감성의 달리는 인생택시〉를 사랑해주시는 '마달택' 청취자 가족 여러분들에게도 너무너무 감사합니다. 특히 감성 첫 팬미팅 때 와주셨던 애란누나, 영애누나, 영희누나, 수경누나, 향미누나, 민경씨, 정아씨 등이 보여준 분에 넘치는 큰사랑에 감사를 드립니다. 경인방송에 처음 왔을 때 따뜻하게 맞아준 정이 넘치는 개그우먼 정은숙 선배님, 클럽과 라디오를 누비는 무적DJ 채리누나, 늘 행복한 친구 같은 DJ 프리스타일 미노형님, 대한민국 최고 신세대 팝아티스트 박현준 씨, 새벽에 활력소 박은미 작가 그리고 젠틀하고 차가운 외모와 달리 따뜻한 마음을 가진 DJ 김지수 씨에게도 늘 감사드립니다. 수원에서 멀리 출퇴근하는 시원시원한 여자 심유정 작가, 생방하는 날 문자보내고, 생방때 물 떠다주는 참한 여자 홍미정 작가, 경인방송과 인연을 맺은 지 오래 되었지만 요즘들어 가까워진 알면 알수록 빠져드는 남자 최영진팀장님께 감사드립니다. 또한 늦은 밤 라이브를 멋지게 들려주시는 가수 강상준 씨, 우리 라디오의 유일한 여자게스트 남승희 씨에게 감사하고, 신비로운 매력을 지닌 가수 신비누나, 긍정적인 마인드를 가진 가수 청금누나, 서글서글한 눈빛에서 매력이 나오는 가수 유일한 씨, 작곡, 작사가에서 이젠 트로트 가수로 새롭게 데뷔하는 성일이 형에게도 감사드립니다. 이 모든 분들을 만나게 해주신 경인방송 권혁철 대표님께도 무한한 감사를 드립니다.

힘든 시절에 인기연예인도 아닌데 협찬도 해주시고 밥도 많이 사주셨던 재흠이 형님과 재용이, 머리 예쁘게 관리해주시는 궁헤어 박지웅 원장님에게도 감사드립니다. 또 사진 예쁘게 찍어주시고 예쁜 옷도 협찬해주셨던 카프카 스튜디오에 송명훈 사장님과 대한민국에서 제일 예쁘고 실력 좋은 전도연 닮은 윤정선 한의사선생님 감사합니다. 그리고 제 몸매 예뻐지게 도와주시는 몸짱 임현지 요가선생님에게도 감사드립니다. 못난 얼굴 예뻐지라고 화장품 협찬해 주신 박중현 형님께도 감사드립니다. 또 제 고물 컴퓨터 고쳐줬던 둘째형 친구 성원이형에게도 감사드립니다.

감성마을에서 나를 따뜻하게 맞아주셨던 사람과 얘기하기를 좋아하시는 영혼이 늙지 않는 작가 이외수 선생님과 사모님에게도 감사드리고, 책 읽고 너무 좋아서 무작정 찾아갔던 『무지개원리』의 작가 차동엽 신부님과 함께 일하시던 수녀님들에게도 감사드립니다. 늘 좋은 상상을 하도록 만들어주신 〈꿈꾸는 다락방〉의 이지성 작가님도 감사합니다.

한국체육대학교 WPTM 21기로 받아주셨던 박영준 주임교수님에게 감사하고 학교생활에 많은 도움을 주었던 조보천 조교에게도 고맙다. 또 처음 골프란 것을 접하는 내게 쉽고 재미있게 지도해 주던 김명선 프로님에게도 고맙고, 스킨스쿠버의 세계를 알게 해주신 육현철 한체대 교수님에게도 고맙다. 그리고 맨손으로 골프 치면 손 까진다고 골프장갑 선물해주신 백만불짜리 미소를 가지신 문병국 형님 감사합니다. 6개월간 잊지 못할 추억을 만들어준 21기 원우 여러분들에게도 깊은 감사를 드립니다. 또 서울예술종합학교의 연극영화과 동기들과 학교 갈 때마다 따뜻하게 맞이해준 강상호 형님, 개그과 후배들에게도 감사합니다.

레크리에이션의 세계를 통해서 알게 된 많은 친구들도 떠오르네요. 나와 동갑이고 너무나 재미있고 끼가 넘쳤던 지금은 KBS공채 개그맨이 된 정태호, 늘 자신감 있고 다혈질이지만 알면 알수록 따뜻한 주원이, 행사도 잘하고 재테크에도 관심이 많은 착한녀석 조운이, 나의 대학교 후배이면서 레크리에이션의 길을 함께 걷는 성실맨 환희, 일찍 결혼해서 벌써 웅이 아버지가 된 지금은 목회에 관심을 갖고 있는 재훈이, 해군홍보단에서 군생활을 하고 있는 막내 홍일이, 노래를 잘해서 트로트 가수로 새롭게 인생을 시작하는 고은성, 연락 자주 못 드려서 늘 미안한 아이들을 사랑하는 김영철 형님께 감사드립니다. 얼마전에 장가간 국가대표 유아체육 전문교육기업 〈천진난만〉의 대표 혁준이 형님에게도 감사합니다.

중학교 때부터 항상 어울려 다녔던 내 얘기에 즐거워하던 태호, 당구를 잘 치던 현우, 나의 고스톱 라이벌 정제, 친구들 중에 가장 먼저 장가간 해철이, 자기 집으로 많이 초대했던 준서에게도 감사하고 늦게 알게 됐지만 그래도 늘 우직한 은성이와 속옷회사에서 열심히 일하는 기원이도 고맙다. 그리고 대학교에서 알게 된 나랑 눈 크기가 비슷한 지금은 공무원이 된 상선이, 나와 함께 대학편입준비를 했던 지금은 심리학 박사가 된 종수, 백화점에서 열심히 일하고 있는 용운이, 한 직장만 우직하게 다니는 경민이, 인천에 대해서 모르는게 없는 은규, 가끔씩 전화해서 안부를 전해주던 혜성이에게도 고맙다는 말 전한다.

역사와 전통을 자랑하는 한국인성개발원의 손석호 원장님과 학원에 갈 때 마다 맛있는 간식을 챙겨주신 사모님, 늘 인자하신 모습으로 반겨주시는 김철회 회장님, 강의할 때 장비 셋팅 도와주시고 늘 멋진 류훈열님, 쪼사모(조크를 사랑하는 모임) 회장이시고 늘 스마일이신 김경준님, 쪼사모의 분위기 메이커 호빵 이왕태님, 올해는 좋은여자와 결혼을 꼭 했으면 하는 최재호님, 이성문제에 대해서 함께 고민했던 전성민님, 그리고 저에게 수업을 배웠던 많은 분들에게 고마움을 전합니다.

만나면 멋진 조언과 맛난 것을 잘 사주시는 보험계의 히어로 정진혁님, 내게 좋은 책도 선물해 주시고 내 재능을 높게 봐주시는 이진수님, 푸근한 인상과 배려하는 마음으로 사시는 최원식 형님, 얼굴도 마음도 미남인 월드기획 김연중 사장님, 은근히 재미있는 이인화님, 트로트계의 샛별 하니에게 감사드립니다.

경인방송의 인간비타민 DJ 장영란님, 노래도 잘하고 DJ도 잘하는 순수한 이상미님, 감성의 신나는 라디오에서 멋진 라이브도 들려주시는 탁구 라이벌 문성호님, 아름다운 목소리와 얼굴을 가진 김희진 누나, 늘 듬직하고 쿨한남자 메니져 종만이, 앞으로 날 밀어주겠다고 약속한 최고의 메니져 김철민님, 이번에 결혼하는 사랑의 큐피터 안찬현, 내게 마술을 알려준 고문석, 슈퍼개미를 꿈꾸는 상수, 어린이의 영어를 책임지고 있는 씨크릿스러운 매력녀 지승현님, 눈치는 좀 없지만 우직한 형민이에게 감사합니다.

생산성본부 최고 경영자 과정을 함께 공부한 KPC13기 멋진 리더 임성학 회장님, 남자 여자 가릴 것 없이 인기 좋은 이인기 회장님, 제약회사 다니셔서 그런지 건강하고 유쾌한 이해돈 사장님, 부드러운 카리스마 안병화 총장님, 이름처럼 럭셔리하고 젠틀한 우국빈 원장님, 중소기업의 든든한 버팀목 백두옥 청장님, 유머러스하고 귀여우신 강대희 사장님, 자기 계발에 열심히신 송윤기 변리사님, 스피치에 관심 많고 인자한 최규형 대표님, 나의 고등학교 선배님이며 재치만점 조재

형 지점장님, 남성 호르몬이 넘쳐 보이는 김생교 사장님, 보기만 해도 든든한 황금호 대표님, KPC 13기의 현실적 막내 강재상 변호사님, KPC 13기의 장미꽃 유정화 대표님, 편안하고 믿음직스러운 오택상 사장님, 소리없이 강한 남자 고병훈 수사관님, 노래할 때 진가가 나오는 KPC 13기 명가수 양용근 이사님, 13기를 위해 용쓰는 대단한 남자 김용대 사장님, 돈키호테 김장우 사장님, 늘 반가운 얼굴의 최회열 부사장님, 인상 좋은 미남 이창수 본부장님, 무엇이든 10년간 해보라는 송원길 대표님, 골프를 좋아하는 야무진 남자 손정일 사장님, 서글서글하고 권투가 특기인 서홍교 사장님, 한복이 잘 어울리는 단아한 여인 방미자 대표님, 강의와 강연을 좋아하는 꼼꼼한 남자 김복중 회계사님, 홍보업계에 에이스가 되실 김백철 대표님, 늦둥이 키우는 재미에 푹 빠져계신 고민호 대표이사님, 자기관리를 잘하시는 강정희 대표님 그리고 이런 소중한 인연을 맺게 해주신 KPC이동규 센터장님께도 감사드립니다.

끝으로 '여자는 약하지만 어머니는 강하다' 란 말을 증명해준, 어려운 환경에서도 3형제를 훌륭히 키우신 어머님과 최근에 장가가서 한 집안에 가장이 된 큰형과 큰형수 그리고 어렸을 때부터 많이 싸워 나의 스피치 실력이 늘게 해줬던 작은형에게도 이 자리를 통해서 감사하다는 말을 전하고 싶습니다.

나에게 소중한 사람들을 만나게 해주고, 내가 절망 속에 힘들어 할 때 날 위로해주신 하나님께 감사드립니다.

감 성 올림